BÁSICOS de la
REPOSTERÍA

Pasteles con amor

Elisa Calcagno

BÁSICOS de la REPOSTERÍA

Pasteles con amor

florentine
BAKE SHOP

SUMARIO

INTRODUCCIÓN

Este libro es una valiosa herramienta para que te inicies en el mundo de la pastelería. En él aprenderás a elaborar 26 recetas básicas, que todo amante de esta especialidad debe dominar y a partir de las que podrás hacer infinidad de tartas, pasteles y postres.

Cada receta básica está acompañada por otras recetas, más específicas y complejas, que te ayudarán a aprender cómo utilizarlas, y te brindarán las bases necesarias para que puedas crear dulces, variándolos y combinándolos entre ellos. Nuestro objetivo es que te diviertas creando.

Utiliza este libro como un instrumento para aprender el arte de la pastelería. Elabora cada receta base cuantas veces sea necesario, hasta que domines sus técnicas a la perfección. Verás cómo a partir de ellas comenzarán a brotar en ti infinidad de recetas diferentes, como un árbol cuyas ramas van creciendo.

1

BIZCOCHO <u>a la</u> GENOVESA

Este bizcocho se elabora sin ningún tipo de levadura; su textura aireada se debe a la gran cantidad de huevos montados que lleva. Este batido de huevos y la ausencia de materia grasa en su composición lo hacen sumamente esponjoso. Por su elasticidad es ideal para elaborar planchas que se pueden enrollar y hacer brazos de gitano con ellas.

A partir de esta receta base puedes elaborar las siguientes recetas:

Melindros <u>con</u> chocolate

Tiramisú

Rollo <u>de</u> chocolate y fresas

Carlota <u>de</u> coco y piña

Ingredientes

1 pastel

4 huevos
150 g de azúcar
200 g de harina

BIZCOCHO
<u>a la</u> GENOVESA

PREPARACIÓN

Precalienta el horno a 180 ºC.

Tamiza la harina y resérvala.

Pon a montar los huevos con el azúcar en la batidora (10-12 minutos) hasta que obtengas una mezcla muy espumosa y blanquecina y que el azúcar se haya disuelto totalmente. Debe estar a punto letra o punto cinta, es decir, que cuando la levantes un poco con una cuchara o con el mismo batidor y la dejes caer, se forme una especie de cinta que deje huella.

Cuando consigas el punto idóneo, agrega la harina tamizada; trabájalo a mano con una espátula y con movimientos envolventes. Ten mucho cuidado que no se baje el batido de huevos.

A continuación, viértelo en un molde de 20 a 22 cm de diámetro untado con mantequilla y espolvoreado con harina y hornéalo durante 30 minutos aproximadamente. Para comprobar si está hecho, presiona con un dedo su superficie; si el bizcocho vuelve a su lugar significa que ya está al punto, si por el contrario queda el dedo marcado significa que aún le falta cocción.

Transcurrido este tiempo, retíralo del horno y espera unos minutos a que pierda un poco de calor antes de desmoldarlo.

Si lo prefieres...
Si quieres hacerlo de chocolate, reemplaza 60 gramos de la harina por cacao puro en polvo.

Especiales para una merienda invernal, que gustará tanto a los niños como a los mayores. Estos bizcochos también son la base para infinidad de postres: tiramisú, carlota, *zuppa* inglesa y muchos más.

INGREDIENTES

30 melindros

Para los melindros:
1 receta de bizcocho genovesa (p. 10)
azúcar glas

Para el chocolate caliente:
80 g de chocolate
40 g de azúcar
15 g de almidón de maíz
1 cucharada de cacao puro
500 ml de leche
1 cucharada de miel

Melindros con *chocolate*

PREPARACIÓN

Precalienta el horno a 200 ºC.

Elabora la masa de bizcocho genovesa según las indicaciones de la página 10.

Transfiere la preparación a una manga con boquilla redonda lisa y esparce sobre una bandeja con papel de horno tiras de unos 10 cm de largo. Espolvoréalos con azúcar glas para formar una corteza crujiente y hornéalos durante 5 o 6 minutos.

Déjalos enfriar antes de servir.

Elaboración del chocolate caliente: mezcla el azúcar con el almidón y el cacao, así el azúcar romperá todo los grumos que pueda tener el almidón. Agrégale 100 ml de leche, disuélvelo bien y resérvalo.

Dispón el resto de la leche junto con la miel en una cacerola y llévalo a ebullición. Cuando rompa a hervir, incorpora la mezcla de leche y almidón y sigue cociéndolo, sin dejar de revolver, hasta que espese. Retíralo del fuego, agrega el chocolate finamente rallado y remuévelo todo enérgicamente hasta que el chocolate se disuelva gracias al calor de la leche.

Ya puedes servirlo acompañado de los melindros.

2

BIZCOCHO de CHOCOLATE

Un básico que no puede faltar entre tus recetas. Esta versión es muy esponjosa y húmeda, y como está elaborada con cacao puro tiene un sabor muy intenso.

La puedes hacer como base para cualquier pastel, *cupcake*, ¡e incluso postres!

A partir de esta receta base puedes elaborar las siguientes recetas:

Tarta de chocolate y naranja

Pudin de chocolate y caramelo

Cupcakes Hit Hat

RECETA BASE

Ingredientes

1 pastel o 24 cupcakes

180 g de mantequilla
320 g de azúcar moreno
4 huevos
200 g de harina
70 g de cacao puro
2 cucharaditas
de levadura química
140 ml de leche
140 g de nata para montar

BIZCOCHO
de CHOCOLATE

PREPARACIÓN

Precalienta el horno a 180 ºC.

Tamiza la harina, el cacao y la levadura y resérvalos.

Mezcla la leche y la nata para montar y resérvalas.

Bate la mantequilla a textura pomada con el azúcar hasta que blanquee y esté muy cremoso. Añade de uno en uno los huevos, batiendo bien entre cada adición. Continua añadiendo 1/3 de los sólidos tamizados e incorpóralos bien sin batir mucho. Añade la mitad de la leche y nata y continúa intercalando sólidos y lácteos hasta acabar.

Elaboración de un pastel:
Unta con mantequilla y enharina un molde para pastel de 24 cm de diámetro aproximadamente y vierte en él la preparación. Hornéalo unos 40 minutos o hasta que al pincharlo con un cuchillo este salga limpio. Al retirar del horno, espera unos minutos a que pierda un poco de calor y desmóldalo.

Elaboración de cupcakes:
Dispón cápsulas de papel especiales para magdalenas en un molde con cavidades para *muffins*. Llena dos terceras partes de capacidad de cada cápsula de papel con la preparación y hornéalo entre 18 y 20 minutos.

INGREDIENTES

15 raciones

Para el bizcocho:
1 receta de bizcocho de chocolate (p. 16)
300 g de mermelada de naranja dulce

Para la trufa:
350 g de chocolate 70 %
350 g de nata para montar
80 g de mantequilla a temperatura ambiente
1 cucharada de licor de naranja

Para el almíbar:
75 g de azúcar
55 ml de agua
55 ml de licor de naranja

Tarta de chocolate y naranja

PREPARACIÓN

Precalienta el horno a 180 ºC.

Elabora una receta de bizcocho de chocolate según las indicaciones de la página 16.

Seguidamente, reparte la masa en dos moldes untados con mantequilla y enharinados de 20 o 22 cm de diámetro cada uno. Hornéalos durante 40 minutos o hasta que al introducir un cuchillo este salga limpio.

Transcurrido este tiempo, retíralos del horno y déjalos enfriar antes de desmoldarlos. Después, deposítalos en la nevera durante 2 horas para poder montar la tarta.

Elaboración de la trufa: elabórala siguiendo las indicaciones de la página 180. Agrega al final la mantequilla dentro de la trufa caliente y remuévelo todo hasta que se haya fundido e incorporado totalmente a la trufa. Deja enfriarla 2 horas a temperatura ambiente.

Elaboración del almíbar para bañar el bizcocho: dispón todos los ingredientes en una cacerola y llévalo a ebullición. Retíralo del fuego y resérvalo.

Cómo montar la tarta:
Divide en dos capas cada bizcocho de chocolate para obtener cuatro capas.

Coloca sobre una tartera la primera capa de bizcocho y báñalo con un poco de almíbar. Cúbrelo con una tercera parte de mermelada de naranja y tápalo con otra capa de bizcocho. Repite el proceso hasta acabar con todas las capas de bizcocho.

Para terminar, cubre la tarta con el baño de trufa de chocolate.

Si lo prefieres...
Reemplaza la mermelada de naranja por una de albaricoque o frambuesa, que con su acidez combinan muy bien con el chocolate.

En esta receta, inspirada en el tradicional *Sticky Tofee Pudding* inglés, una rápida salsa de caramelo convierte el bizcocho de chocolate en un postre irresistible.

INGREDIENTES

8 raciones

Para el bizcocho:
½ receta de bizcocho de chocolate (p. 16)
100 g de dátiles deshuesados y picados finamente

Para la salsa:
200 g de azúcar
150 g de nata para montar
100 g de mantequilla

Pudin
de *chocolate*
y caramelo

PREPARACIÓN

Precalienta el horno a 180 ºC.

Elabora una receta de bizcocho de chocolate y agrégale los dátiles picados.

Vierte la mezcla en un molde forrado con papel sulfurizado y hornéala entre 30 y 40 minutos, o hasta que al insertar un cuchillo este salga limpio.

Mientras, calienta la nata a punto de hervor.

Elaboración de la salsa: pon el azúcar en una cacerola y llévalo al fuego hasta caramelizarlo. Retíralo, espera unos segundos a que pierda un poco de calor y agrega con mucho cuidado la nata. Comenzará a hacer borbotones y subirá, por lo que es aconsejable que utilices una cacerola que no sea muy pequeña. Remueve enérgicamente con una cuchara de madera y lleva al fuego nuevamente unos 3 minutos más. Retíralo, incorpora la mantequilla y remueve enérgicamente hasta que se haya fundido y obtengas una salsa homogénea.

Transcurrido el tiempo de cocción del bizcocho, retíralo del horno un momento y vierte por encima la mitad de la salsa de caramelo caliente. Introdúcelo nuevamente 5 minutos más. Después, ya puedes sacarlo y dejarlo enfriar.

Sirve la tarta fría cubierta con la salsa de caramelo restante. Lo puedes acompañar con una cucharada de nata semimontada o de helado de vainilla.

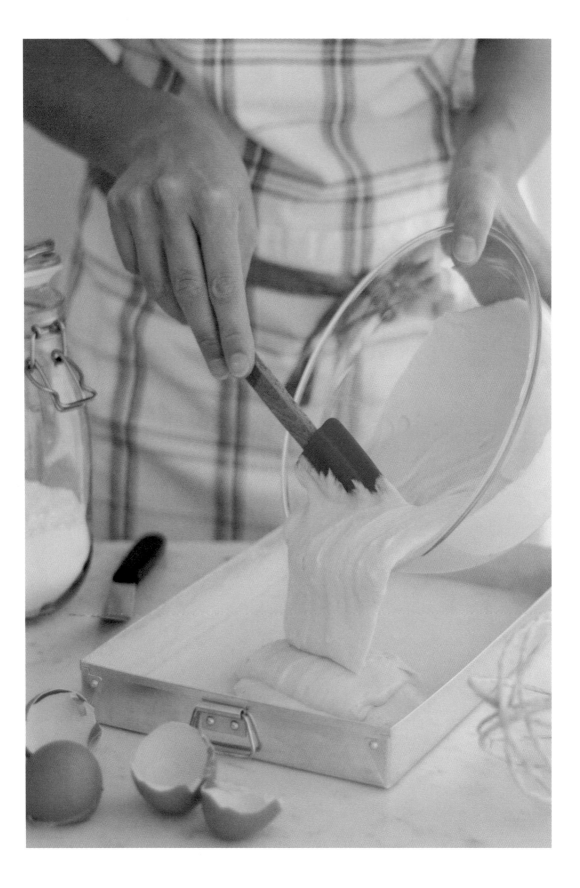

3

BIZCOCHO de VAINILLA

Un básico entre los básicos.
A partir de él puedes hacer
bizcochos de infinidad de
sabores; agrégale especias,
frutas confitadas, frutos secos,
chocolate... y idiviértete
creando!

A partir de esta receta base
puedes elaborar las siguientes
recetas:

Tarta de limón y semillas de amapola

Plum cake de fruta escarchada y pasas al ron

Cupcakes de café

RECETA BASE

Ingredientes

1 pastel o 12 cupcakes

100 g de mantequilla
200 g de azúcar
2 huevos
200 g de harina
1 cucharadita de levadura
química
120 ml de leche
1 cucharadita de extracto
de vainilla o vainilla en polvo

BIZCOCHO
de VAINILLA

PREPARACIÓN

Unta con mantequilla y enharina un molde de 22-24 cm
de diámetro y vierte la mezcla de pastel.

Hornéalo unos 40 minutos o hasta que al introducir
un cuchillo este salga limpio.

Transcurrido este tiempo, retíralo, espera unos minutos
a que pierda un poco de calor y desmóldalo.

Elaboración de los *cupcakes*:
Dispón cápsulas de papel especiales para magdalenas en
un molde con cavidades para *muffins*. Llena dos terceras
partes de capacidad de cada cápsula de papel y hornéalo
entre 18 y 20 minutos.

Si lo prefieres...
Puedes aromatizarlo agregando a la masa ralladura de
cítricos o especias, como canela, anís o jengibre en polvo.
También puedes incorporarle tropezones de chocolate,
frutas o frutos secos o semillas.

El toque ácido del glaseado de limón de esta tarta y la crujiente textura de las semillas de amapola convierten este bizcocho de vainilla en la merienda perfecta.

INGREDIENTES

1 bizcocho

Para el bizcocho:
1 receta de bizcocho de vainilla (p. 24)
20 g de semillas de amapola
la ralladura de 2 limones

Para el glaseado:
50 ml de zumo de limón
230 g de azúcar glas

Tarta de limón y semillas de amapola

PREPARACIÓN

Precalienta el horno a 180 ºC.

Elabora una receta de bizcocho de vainilla según las indicaciones de la pàgina 24, pero agregándole la ralladura de limón y las semillas de amapola.

Vierte la mezcla en un molde untado con mantequilla y enharinado y hornéalo unos 40 minutos o hasta que al insertar un cuchillo este salga limpio.

Elaboración del glaseado: mezcla el zumo de limón con 150 gramos de azúcar glas hasta que no quede ningún grumo; la textura deber ser densa pero fluida. Resérvalo cubierto con un film para que no se seque.

Transcurrido el tiempo de horneado, retíralo, espera unos minutos que pierda un poco de calor y desmóldalo.

Pínchalo por encima con una brocheta o un cuchillo varias veces para abrir huecos y vierte inmediatamente la mitad del glaseado de limón. El bizcocho debe estar aún caliente para facilitar que el glaseado penetre por los agujeros e impregne todo el bizcocho.

Espesa el glaseado restante, incorporando el resto de azúcar glas, y únelo todo bien.

Finalmente, vierte el glaseado sobre el bizcocho y espolvoréale las semillas de amapola para decorar. Deja enfriar y secar el glaseado al menos 1 hora.

Si lo prefieres...
En lugar de utilizar la ralladura y el zumo de limón, puedes hacerlo con lima o naranja.

Este *plumcake* es un clásico navideño. ¿Pero por qué no disfrutarlo todo el año?

INGREDIENTES

1 plumcake

Para el bizcocho:
1 receta de bizcocho
de vainilla (p. 24)
50 g de pasas
50 g de arándanos secos
100 ml de ron
100 g de fruta confitada
1 cucharada de harina
1 naranja para ralladura

Para el glaseado:
250 g de azúcar glas
50 g de zumo de naranja

frambuesas y arándanos
para decorar

Plumcake
de *fruta escarchada y pasas al ron*

PREPARACIÓN

Precalienta el horno a 180 ºC.

Dispón en el fuego una cacerola con el ron, las pasas y los arándanos. Debe hervir 2 minutos para que las frutas se hidraten bien.

Transcurrido este tiempo, cuélalo y reserva el ron.

Pon en un bol la fruta confitada y la cucharada de harina y mézclalo bien hasta que todas las frutas estén rebozadas. Resérvalas.

Elabora una receta de bizcocho de vainilla según las indicaciones de la página 24 y agrega a la masa la ralladura de naranja, las frutas rebozadas y las pasas y los arándanos.

Vierte la mezcla en un molde rectangular para *plumcake* untado con mantequilla y enharinado.

Hornéalo durante 45-50 minutos o hasta que al insertar un cuchillo este salga limpio.

Transcurrido este tiempo, retíralo y vierte por encima, a lo largo de la abertura que se habrá formado, el ron que has reservado.

Elaboración del glaseado: mezcla el zumo de naranja con el azúcar glas hasta que no quede ningún grumo, la textura debe ser densa pero fluida.

Finalmente, vierte sobre el *plumcake* el glaseado, decóralo con frambuesas y arándanos y déjalo secar al menos 1 hora.

4

MUFFINS

Podríamos decir que esta es la receta más fácil de todo este libro. Se elabora en pocos minutos y sin necesidad de ninguna herramienta especial. Ideal para hacer con los más pequeños de la casa.

A partir de esta receta base puedes elaborar la siguiente receta: .

Tarta invertida de peras y anís

RECETA BASE

Ingredientes

12 unidades

250 g de harina
200 g de azúcar
½ cucharadita de sal
1 cucharadita
de levadura química
1 cucharadita de bicarbonato
1 huevo
60 g de mantequilla
250 ml de *buttermilk*
o suero de leche*
125 g de arándanos

Para el glaseado (opcional):
100 g de queso para untar
150 g de azúcar
gotas de zumo de limón

*El suero de leche se puede
reemplazar por 250 ml de leche
entera con dos cucharadas de zumo
de limón.

MUFFINS

PREPARACIÓN

Precalienta el horno a 180 ºC.

Dispón cápsulas de papel especiales para magdalenas en un molde con doce cavidades para *muffins* y resérvalo.

Funde la mantequilla y déjala enfriar un poco. Resérvala.

Bate bien el huevo y mézclalo con el suero de leche. Resérvalo.

Pon en un bol todos los ingredientes sólidos: harina, azúcar, levadura química, sal y bicarbonato. Únelo todo muy bien.

Incorpora la mezcla de suero de leche con huevo y la mantequilla fundida y mézclalo con una cuchara, sin batir. Después, agrega la mitad de los arándanos. No trabajes mucho esta masa, no te preocupes si queda algún grumo.

Inmediatamente, con la ayuda de una cuchara, divide la masa en doce partes, repártela en el molde con las cápsulas de papel y agrega en cada uno dos arándanos más.

Hornéalo entre 20 y 25 minutos. Si te apetece, también puedes cubrirlos, antes de llevarlos al horno, con una capa del *crumble* crudo de la receta de la página 88.

Puedes acabarlos con el glaseado: mezcla bien todos los ingredientes hasta que no quede ningún grumo, cubre cada *muffin* con la ayuda de una cuchara y decóralos con los arándanos sobrantes.

Si lo prefieres...
Puedes reemplazar los arándanos por cualquier otro tropezón: *chips* de chocolate, nueces o cualquier otro fruto seco, frambuesas, dados de manzana... También puedes aromatizar la masa con la piel de algún cítrico o con especias como canela o anís.

INGREDIENTES

1 tarta

1 receta de *muffins* (p. 32)
1 cucharadita
de anís en grano
150 g de azúcar
3 peras
40 g de mantequilla
el zumo de 1 limón

Tarta invertida de *pera y anís*

PREPARACIÓN

Precalienta el horno a 180 ºC.

Pon el azúcar y la mantequilla en una cacerola, y mantenla en el fuego hasta conseguir un caramelo.

Seguidamente, vierte el caramelo sobre un molde desmontable de unos 25 cm de diámetro previamente untado con mantequilla; debes cubrir toda la base con el caramelo.

Dispón por encima las peras cortadas a rodajas y rocíalas con el zumo de limón. Resérvalo.

Elabora la masa de *muffins* según las indicaciones de la página 32 y agrégale las semillas de anís.

Cubre las peras con la masa de *muffins* y hornéalo durante unos 45 minutos o hasta que al insertar un cuchillo este salga limpio.

Transcurrido este tiempo, retírala del horno. Cuando aún esté caliente, pasa un cuchillo todo alrededor y desmóldala. Déjala enfriar y sírvela.

Si lo prefieres...
Sustituye la pera por manzana y aromatiza el bizcocho con canela. También puedes hacerla con albaricoques combinados con bizcocho aromatizado con ralladura de naranja y limón.

5

BIZCOCHO de CHOCOLATE SIN HARINA

Este bizcocho es ideal para los amantes del chocolate por su sabor muy intenso. Su textura es muy húmeda por la ausencia de harina entre sus ingredientes, lo que lo convierte en una opción ideal para quienes tienen una dieta libre de gluten.

A partir de esta receta base puedes elaborar la siguiente receta:

Verrines
Selva Negra

Ingredientes

1 pastel de 10 raciones

160 g de mantequilla
250 g de chocolate
50 % cacao
110 g de azúcar moreno
5 huevos

BIZCOCHO
de CHOCOLATE
SIN HARINA

PREPARACIÓN

Funde el chocolate con la mantequilla al baño María o en el microondas. Resérvalo.

Separa las claras de las yemas y móntalas a punto de nieve. Resérvalas.

Dispón las yemas en un bol junto con el azúcar y bátelo todo hasta que monten y estén pálidas.

A continuación, incorpora el chocolate y la mantequilla derretida y remuévelo con una espátula con movimientos envolventes para no bajar el batido.

Incorpora en tres veces las claras montadas a punto de nieve, removiendo con cuidado y con la ayuda de la espátula, y asegúrate de que todo está bien unificado entre cada incorporación.

Viértelo en un molde de 22 cm de diámetro enharinado y untado con mantequilla y deposítalo en la nevera durante 1 hora.

Precalienta el horno a 200 ºC.

Cuando esté caliente, introduce el pastel y hornéalo 15 minutos. Transcurrido este tiempo, baja la temperatura a 160 ºC y hornéalo 20 o 25 minutos más. Déjalo enfriar bien antes de desmoldarlo.

Si lo prefieres...
Puedes agregar ralladura de naranja y trocitos de piel de naranja confitada para hacerlo de chocolate y naranja.

INGREDIENTES

8 verrines

½ receta de bizcocho de chocolate sin harina (p. 38)
250 g de cerezas descarozadas
100 g de azúcar
50 ml de kirsch
1 cucharada de zumo de limón
2 g de gelatina sin sabor en hojas
200 g de nata montada
cerezas extras para decorar

Verrines
Selva Negra

PREPARACIÓN

Hidrata la gelatina en hojas en agua bien fría y resérvala.

En una cacerola, dispón el azúcar con el kirsch y llévalo a ebullición. Cuando rompa a hervir, agrega las cerezas y cuécelas durante unos 5 minutos más.

Mientras, escurre la gelatina hasta que no le quede nada de agua, incorpórala a las cerezas y remuévelo hasta que se disuelva en el jarabe de las cerezas. Déjalas enfriar.

Precalienta el horno a 220 ºC.

Elabora la masa del bizcocho de chocolate sin harina como lo indica la página 38.

Llena ocho moldes individuales con un poco de cerezas y cúbrelas con la masa de bizcocho.

Introdúcelos en el horno unos 7 u 8 minutos.

Transcurrido este tiempo, retíralos y déjalos enfriar al menos 3 horas en la nevera.

Sírvelos fríos cubiertos con una cucharada de nata montada y decorados con una cereza fresca.

Si lo prefieres...
Si no es época de cerezas, puedes reemplazarlas por fresas o frambuesas. Si lo haces con frambuesas, reduce la cantidad de kirsch a la mitad y hiérvelas con el almíbar solo 1 o 2 minutos.

6

BIZCOCHO
de ALMENDRA

Este bizcocho muy tierno
y húmedo es facilísimo de
preparar. Es tan versátil que
se puede servir como una
merienda, acompañado de
nata o yogur y frutas frescas
para un postre, o como
relleno de una tarta.

A partir de esta receta base
puedes elaborar la siguiente
receta:

*Tarta
de almendras,
pistachos
y frambuesas*

Ingredientes

1 tarta

125 g de polvo de almendra
125 g de azúcar
3 huevos
125 g de mantequilla
50 g de harina
40 g de almendra laminada
azúcar glas para espolvorear

BIZCOCHO
de ALMENDRA

PREPARACIÓN

Precalienta el horno a 180 ºC.

Bate la mantequilla a temperatura ambiente (tiene que tener una textura similar a una pomada), con el azúcar, hasta que blanquee y esté muy cremosa.

Agrega uno a uno los huevos, batiendo bien entre cada uno. Baja la velocidad de la batidora e incorpora el polvo de almendra y la harina con batido suave.

Vierte esta preparación en un molde de 20 cm de diámetro untado con mantequilla y enharinado, y espolvoréala con la almendra laminada.

Hornéala de 25 a 30 minutos o hasta que al insertar un cuchillo este salga limpio.

Transcurrido este tiempo, retira el bizcocho del horno y déjalo enfriar unos minutos antes de desmoldarlo.

Sírvelo frio espolvoreado con azúcar glas.

Si lo prefieres...
Este bizcocho queda muy bien combinado con naranja. Para ello, agrega a la masa ralladura de naranja y piel de naranja confitada finamente picada. También puedes bañarlo con miel antes de servir; en este caso no lo espolvorees con azúcar glas.

RECETA DERIVADA

Esta tarta lleva un poco más de trabajo, pero el esfuerzo valdrá la pena. Se puede preparar con antelación y cubrir con las frambuesas antes de servir.

Tarta de *almendras, pistachos y frambuesas*

INGREDIENTES

1 tarta

1 receta de pasta
azucarada (p. 64)
150 g de mermelada
de frambuesas
100 g de frambuesas frescas
20 g de pistachos picados

**Para el relleno de bizcocho
de almendras y pistachos:**
60 g de pistachos molidos
20 g de almendra en polvo
80 g de azúcar
2 huevos
80 g de mantequilla
30 g de harina

PREPARACIÓN

Elabora la receta de pasta azucarada y déjala reposar en la nevera 30 minutos.

Precalienta el horno a 180 ºC.

Estira la masa reposada hasta que tenga unos 3 mm de espesor y forra un molde de tarta con ella. Cubre la masa con un trozo de papel sulfurizado y colócale encima algún alimento que pese (garbanzos, alubias crudas...); de esta manera ayudarás a que la masa no se deforme ni dore demasiado al hornearla.

Introdúcela en el horno unos 10 minutos. Después, retira el papel con el peso y hornéala 5 minutos más.

Mientras, elabora el relleno de bizcocho de almendras y pistachos según las indicaciones de la página 44, utilizando los pistachos molidos en lugar de parte del polvo de almendra.

Transcurrido el tiempo de horneado, cúbrela con una capa de mermelada de frambuesa y por encima el relleno de bizcocho de almendras y pistachos. Espolvoréala con los pistachos picados y hornéala entre 25 y 30 minutos o hasta que al insertar un cuchillo este salga limpio.

Para terminar, retírala del horno, cúbrela con las frambuesas frescas y acompáñala con nata montada o yogur griego.

Si lo prefieres...
La almendra queda muy bien con todo; por ello, en esta tarta la frambuesa se puede reemplazar por la fruta que desees. Haz el relleno todo de almendras y en lugar de frambuesa utiliza higos, peras o albaricoques.

Si eres amante del chocolate, sustituye los pistachos por avellanas tostadas y molidas y la mermelada por crema de avellanas y chocolate.

7

PASTA *CHOUX*

Esta receta tiene la particularidad de que se cuece dos veces: en la preparación y al hornearla o freírla, y forma piezas huecas y crujientes, ideales para rellenar.

A partir de esta receta base puedes elaborar las siguientes recetas:

Éclairs <u>de</u> *chocolate*

Crullers *franceses*

Ingredientes

30 *unidades de* éclairs
o 50 *lionesas*

75 ml de agua
75 ml de leche
3 g de sal
3 g de azúcar
70 g de mantequilla
90 g de harina
3 huevos medianos
(50 g cada uno)
azúcar glas para espolvorear

PASTA CHOUX

PREPARACIÓN

Precalienta el horno a 190 ºC.

En una cacerola, dispón el agua, la leche, el azúcar, la sal y la mantequilla, llévalo al fuego hasta que hierva y retíralo. Si al alcanzar el hervor la mantequilla aún no se ha disuelto totalmente, espera a que se derrita.

Una vez disuelta, llévala nuevamente al fuego, y cuando vuelva a hervir agrega la harina tamizada toda de un solo golpe. Cuécelo todo sin dejar de remover hasta que la pasta se despegue de las paredes, unos 2 o 3 minutos.

Seguidamente, pasa la masa a un bol y déjala enfriar un poco. Después, incorpora de uno en uno los huevos batiendo enérgicamente entre uno y otro.

Pon la masa en una manga pastelera con boquilla lisa y distribúyela con la medida deseada sobre papel sulfurizado.

Introdúcelo en el horno a 190 ºC unos 15 minutos o hasta que estén bien infladas. Seguidamente, baja la temperatura del horno a 160 ºC y hornéalo durante 30 o 40 minutos más o hasta que estén bien doradas y secas.

Transcurrido el tiempo de cocción, déjalos enfriar y ya puedes rellenar los *éclairs* con nata montada o crema pastelera y acabar espolvoreándolos con azúcar glas.

Si lo prefieres...
Otros rellenos pueden ser crema de frutas, *mousse* de chocolate, crema de mantequilla o helado.

Un clásico de la pastelería francesa, que en su versión 100 % chocolate es irresistible.

Éclairs
de *chocolate*

INGREDIENTES
15 unidades

½ receta de pasta *choux* (p. 50)

Para el relleno de chocolate:
120 g de nata para montar
180 ml de leche
3 yemas
40 g de azúcar
140 g de chocolate
negro picado

Para el glaseado de chocolate:
4 g de gelatina sin sabor
en hojas
80 g de azúcar
30 g de cacao puro
60 ml de agua
60 g de nata para montar

PREPARACIÓN

Elaboración del relleno: elabora una crema inglesa: mezcla las yemas con el azúcar y un par de cucharadas de la leche fría. Lleva el resto de la leche y la nata al fuego hasta que hierva. Cuando rompa a hervir, viértelas sobre las yemas sin dejar de batir y ponlo al baño María; debes removerlo con una cuchara de madera. Cuécelo hasta que espese un poco. Cuando cubre el dorso de la cuchara y el dedo deja rastro al pasarlo por ella ya está lista. Cuélala inmediatamente sobre el chocolate picado y remueve hasta que todo el chocolate se haya fundido y obtengas una crema homogénea. Déjala enfriar bien en nevera.

Elaboración del glaseado de chocolate: hidrata las hojas de gelatina en agua bien fría y resérvalas. Pon en una cacerola el resto de ingredientes y llévalos al fuego hasta que hierva y se hayan disuelto el azúcar y el cacao. Retíralo y agrega la gelatina hidratada y escurrida. Finalmente, mézclalo todo bien y cuélalo para evitar que quede algún grumo. Déjalo enfriar.

Precalienta el horno a 190 ºC.

Elabora la pasta *choux* según la receta. Ponla en una manga pastelera con boquilla lisa de 1 cm de diámetro y sobre una bandeja con papel sulfurizado forma tiras de unos 8 cm de largo.

Introdúcelas en el horno a 190 ºC unos 15 minutos o hasta que estén bien infladas. Transcurrido este tiempo, baja la temperatura del horno a 160 ºC y hornéalas entre 30 y 40 minutos más o hasta que estén bien doradas y secas.

Cuando el relleno y los *éclairs* estén bien fríos, pártelos por la mitad, rellénalos y cúbrelos con el glaseado. Si el glaseado ha enfriado demasiado, caliéntalo unos segundos en el microondas o al baño María.

Si lo prefieres...
También lo puedes rellenar de crema pastelera o de nata montada.

En esta receta, la versión francesa de los buñuelos de viento, la pasta *choux* se fríe en lugar de hornearse.

INGREDIENTES

22 crullers

½ receta de pasta *choux*
(p. 50)
aceite de girasol para freír

Para el glaseado:
90 g de azúcar glas
15 ml de licor de naranja
15 ml de agua caliente

Crullers *franceses*

PREPARACIÓN

Recorta unos 22 cuadrados de papel sulfurizado de 6 cm de lado. Resérvalos.

Elabora la pasta *choux* según las indicaciones de la página 50, y ponla en una manga con boquilla rizada de 1 cm de diámetro.

Sobre los cuadrados de papel forma aros de 5 cm de diámetro.

Calienta el aceite y fríelos: pon cada aro con el papel hacia arriba dentro del aceite caliente, y cuando se hayan dorado por la cara de abajo dales la vuelta. Espera un momento hasta que los papeles se despeguen solos y quítalos con una pinza. Cuando los *crullers* estén dorados, retíralos y escúrrelos sobre un papel de cocina.

Elaboración del glaseado: mezcla el azúcar glas con el licor y el agua. Deberá tener una consistencia fluida pero con algo de densidad. Baña los *crullers* con el glaseado y déjalos orear un rato hasta que el glaseado se haya secado. Ya están listos.

Si lo prefieres...
Si quieres trabajar un poco menos, puedes hacer buñuelos de viento: fríe bolitas de pasta *choux* en aceite caliente hasta que estén doradas, déjalas escurrir y espolvoréalas con azúcar glas.

8

HOJALDRE

Esta receta es un poco más laboriosa, pero vale la pena. No hay nada como un hojaldre de mantequilla hecho en casa. Puedes hacer receta doble y congelarlo, así tendrás hojaldre para varias tartas.

A partir de esta receta base puedes elaborar la siguiente receta:

Tarta Tatin de manzana y canela

Ingredientes

Para 600 g de hojaldre

250 g de harina
25 g de mantequilla
para la masa
150 ml de agua
7 g de sal
200 g de mantequilla
para los pliegues

HOJALDRE

PREPARACIÓN

Forma una corona con la harina y la sal. En el centro, dispón el agua y la mantequilla y con la ayuda de un tenedor remuévelo para ir incorporando poco a poco la harina. Continúa amasando con las manos hasta conseguir una masa lisa. Envuélvela en film y déjala reposar en la nevera 30 minutos.

Mientras la masa descansa, moldea la mantequilla. Ponla entre dos papeles sulfurizados y con un rodillo estírala hasta conseguir un cuadrado fino de unos 12 cm de lado. Deposítala en la nevera para que endurezca un poco.

Transcurrido el tiempo de reposo de la masa, estírala hasta obtener un cuadrado de 20 cm de lado. Gírala 45° para tener un rombo y con el rodillo estira las puntas de modo que en el centro tengamos un cuadrado de más grosor y cuatro aletas más finas en los lados. Nos tiene que quedar una cruz de masa.

Dispón en el centro la mantequilla, cúbrela con la aleta derecha; debes estirar la masa para que cubra toda la superficie de la mantequilla. Haz lo mismo con la izquierda y finaliza con las otras dos. Habremos conseguido un paquete.

Dale la vuelta y amásalo en los dos sentidos hasta obtener un rectángulo. Haz un pliegue sencillo: dobla un tercio del rectángulo hacia el centro y dobla el otro tercio sobre este. Finalmente, déjala descansar unos 20 minutos en la nevera.

Transcurrido este tiempo, estírala otra vez para lograr nuevamente un rectángulo; realiza otro pliegue sencillo y déjala reposar otros 20 minutos en la nevera. Repite todo el proceso hasta obtener cinco pliegues sencillos y déjala reposar en la nevera al menos 1 hora antes de utilizarla.

Puedes congelar esta masa.

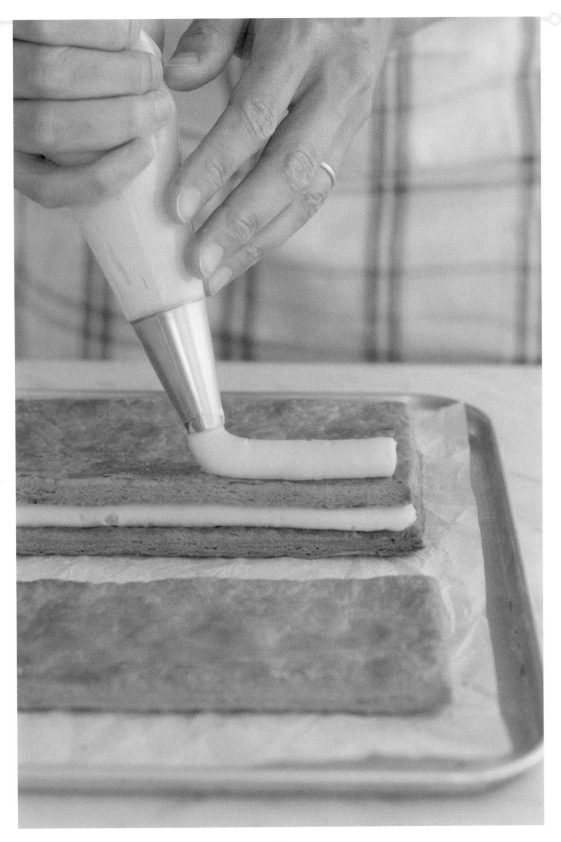

RECETA DERIVADA

Esta receta tradicional francesa es muy fácil de elaborar. Sírvela como postre tibia acompañada de helado de vainilla. ¡Sorprenderás a todos tus invitados!

INGREDIENTES

1 tarta para 8 raciones

½ receta de hojaldre (p. 58)
800 g de manzana
100 g de azúcar
40 g de mantequilla
1 cucharadita de canela en polvo

Tarta Tatin de manzana y canela

PREPARACIÓN

Elabora el hojaldre y resérvalo en la nevera hasta utilizarlo.

Dispón el azúcar y la mantequilla en una sartén de unos 20 cm de diámetro que pueda ir al horno y llévala al fuego medio, removiendo de vez en cuando, hasta que consigas un caramelo dorado.

Retira la sartén del fuego y deja que el caramelo pierda un poco el calor.

Pela las manzanas, córtalas en octavos e incorpóralas a la sartén con el caramelo de modo que quede la parte exterior de cada gajo hacia abajo. Cuécelas a fuego medio, sin remover, durante 10 minutos.

Mientras, estira el hojaldre de unos 3 mm de grosor y con la ayuda de un cuchillo corta un círculo del tamaño de la sartén.

Transcurrido el tiempo de cocción de las manzanas, retira la sartén del fuego, espolvoréale las manzanas con la canela, cúbrelas con el círculo de hojaldre, pincha el hojaldre con un tenedor y hornéalo de 35 a 40 minutos o hasta que el hojaldre esté dorado.

Cuando retires la sartén del horno, espera unos minutos que pierda un poco de calor antes de desmoldar la tarta. Se debe desmoldar aún caliente para evitar que el caramelo se endurezca y se quede pegada.

Si lo prefieres...
Puedes reemplazar la manzana por pera, por plátano, o por piña.

9

PASTA AZUCARADA

Esta masa nos sirve tanto para base de tartas dulces como para galletas. Es muy fácil de realizar y trabajar, solo hay que tener cuidado de no amasarla demasiado.

A partir de esta receta base puedes elaborar las siguientes recetas:

Cuadrados de albaricoque y coco

Corazones de jengibre

Tarta de almendras, pistachos y frambuesas

Lemon pie

Minitarta de ricota, higos y miel

Ingredientes

1 tarta o 15 galletas

100 g de mantequilla
a temperatura ambiente
100 g de azúcar
2 yemas
180 g de harina
pizca de sal
1 cucharadita de levadura
química

PASTA AZUCARADA

PREPARACIÓN

Bate la mantequilla a temperatura ambiente con el azúcar hasta obtener una preparación muy cremosa. Agrega una a una las yemas; debes batirlas 1 o 2 minutos entre la adición de cada una.

Forma en la mesa una corona con la harina, la sal y la levadura. Vierte en el centro el batido de mantequilla y con las manos amasa hasta que todo esté incorporado. No amases demasiado para evitar desarrollar el gluten y que la masa se ponga elástica.

Haz una bola, cúbrela con papel film y déjala reposar en la nevera 30 minutos.

Puedes aromatizarla con especias como canela en polvo, anís o jengibre o con piel de cítricos.

INGREDIENTES

12 unidades

1 receta de pasta azucarada (p. 64)
300 g de mermelada de albaricoque
2 cucharadas de licor de naranja
azúcar glas
para espolvorear

Para la cubierta:
2 claras
90 g de coco rallado
65 g de azúcar

Cuadrados de albaricoque y coco

PREPARACIÓN

Precalienta el horno a 180 ºC.

Elabora la pasta azucarada según las indicaciones de la página 64 y déjala reposar en la nevera.

Mientras, mezcla la mermelada con el licor de naranja y resérvalo.

Elaboración de la cubierta: bate las claras con el azúcar durante 1 minuto, hasta que el azúcar se haya disuelto y las claras se hayan roto; no debes batirlas a punto de nieve. Incorpora el coco, mézclalo bien y resérvalo.

Estira la pasta azucarada de unos 3 mm de grosor y cubre una fuente de horno de 22 x 22 cm aproximadamente previamente untada con mantequilla y enharinada. Esparce por encima la preparación de mermelada y vierte por encima la cubierta de coco.

Hornéalo durante unos 35 o 40 minutos.

Transcurrido este tiempo, retíralo y déjalo enfriar.

Antes de servirlo, espolvoréalo con azúcar glas y córtalo en cuadrados.

Si lo prefieres...
Puedes sustituir la mermelada de albaricoque por mermelada de higo, frambuesa o melocotón, o por dulce de leche o crema de avellanas y chocolate.

Estas galletas son especiales
para la época navideña,
pero están tan buenas
que se pueden comer todo
el año.

INGREDIENTES

1 receta de pasta azucarada
(p. 64)

1 cucharadita
de canela en polvo
½ cucharadita
de cuatro especias
½ cucharadita
de jengibre en polvo

Para el glaseado:
½ clara
100 g de azúcar glas
1 cucharada de zumo
de limón

Corazones
de *jengibre*

PREPARACIÓN

Precalienta el horno a 180 ºC.

Elabora la pasta azucarada según las explicaciones de la
página 64, agregando a la harina la canela, el jengibre y
la mezcla de cuatro especias.

Estira la masa de unos 3 mm de grosor y corta corazones
con un molde.

Disponlos en una bandeja con papel sulfurizado y
hornéalos durante 12 o 14 minutos o hasta que estén
dorados. Transcurrido este tiempo, retíralos y déjalos enfriar.

Mientras, prepara el glaseado.

Elaboración del glaseado: bate la media clara con el
azúcar y el zumo de limón hasta que monte y adquiera
consistencia. Transfiérelo a una manga pastelera con una
boquilla de 2 mm.

Cuando las galletas estén frías, decóralas con el glaseado.
Déjalo secar 2 o 3 horas antes de servirlas o envasarlas.
Consérvalas en un recipiente hermético o envasadas en
celofán.

10

MASA BÁSICA PARA TARTAS

Esta receta es la típica masa de tartas estadounidense. Los pequeños trozos de mantequilla que contiene en su interior hacen de ella una base tierna y escamosa que se desarma al comerla.

A partir de esta receta base puedes elaborar las siguientes recetas:

Tarta rústica de arándanos

Pastelitos de avellanas y chocolate

Tarta de crema y plátanos

Tarta especiada de crema quemada

Ingredientes

1 tarta

150 g de harina
100 g de mantequilla fría
5 cucharadas de agua fría
30 g de azúcar
sal

MASA BÁSICA PARA TARTAS

PREPARACIÓN

Trabaja a mano o con un robot de cocina la harina junto con una pizca de sal, el azúcar y la mantequilla bien fría y cortada en trozos pequeños hasta conseguir que parezca arena con pequeños grumos de mantequilla. Estos grumos cuando la estires formarán pequeñas láminas que le darán la textura friable y escamosa.

Seguidamente, incorpora el agua fría poco a poco; trabaja la masa con un tenedor para unirla pero sin amasarla demasiado. Haz una bola con las manos para terminar de mezclarla.

Finalmente, envuélvela con papel film y deposítala en la nevera durante 30 minutos.

RECETA DERIVADA

Esta tarta es facilísima de hacer. No te costará nada elaborarla y ni siquiera necesitarás molde para hacerla.

Tarta rústica de arándanos

INGREDIENTES

1 tarta para 8-10 raciones

1 receta de masa básica para tartas (p. 72)

Para el relleno:
250 g de arándanos
100 g de azúcar
2 cucharadas de harina

PREPARACIÓN

Elabora la masa básica para tartas según las indicaciones de la página 72.

Mientras la masa reposa en la nevera, prepara el relleno.

Elaboración del relleno: dispón todos los ingredientes en un bol y mézclalos. Déjalo reposar 30 minutos como mínimo.

Precalienta el horno a 180 ºC.

Estira la masa sobre un papel sulfurizado y dale forma de círculo de 30 cm de diámetro. En el centro, coloca el relleno y dobla los bordes hasta cubrirlo completamente.

Desliza el papel con la tarta sobre una fuente para horno plana y espolvorea los bordes con azúcar.

Hornéala unos 40 minutos o hasta que la masa esté dorada.

Sírvela sola para la merienda o como postre acompañada de nata montada o helado de vainilla.

Si lo prefieres...
Puedes sustituir los arándanos por otras frutas: manzana con un toque de canela, peras con vainilla, cerezas, albaricoques o melocotones. Dependiendo de la acidez de la fruta y de su madurez, tendrás que rectificar la cantidad de azúcar del relleno.

Estos minipasteles son ideales como *petit fours* para una fiesta o para llevar de pícnic. ¡La solución más práctica porque no necesitarás vajilla!

INGREDIENTES

12 unidades

1 receta de masa básica para tartas (p. 72)

Para el relleno:
60 g de avellanas
50 g de azúcar glas
1 clara
40 g de chocolate negro

Pastelitos de avellanas y chocolate

PREPARACIÓN

Elabora la masa básica para tartas según las indicaciones de la página 72.

Mientras la masa reposa en la nevera prepara el mazapán de avellanas para el relleno.

Elaboración del relleno: tritura con un robot de cocina las avellanas hasta que se conviertan en polvo. Incorpora el azúcar glas y la clara de huevo y continúa triturando hasta conseguir una pasta. Resérvala.

Precalienta el horno a 180 ºC.

Estira la masa hasta que tenga 2 o 3 mm de grosor. Corta con un molde círculos de 6 cm de diámetro, y coloca una cucharada de mazapán en el centro y un trozo de chocolate por encima.

Pincela los bordes del círculo con huevo batido, coloca por encima otro círculo de masa del mismo tamaño y sella los bordes haciendo presión con los dedos.

Disponlos en una fuente con papel sulfurizado. Pincélalos con huevo batido, y haz un pequeño corte en el centro para que salga el vapor.

Finalmente, hornéalos durante 20 minutos o hasta que estén dorados.

Si lo prefieres...
Elabora el mazapán con almendras en lugar de avellanas y sustituye el chocolate por un trozo de membrillo. O puedes cambiar las avellanas por pistachos, y el chocolate, por una cucharadita de mermelada de frambuesas.

11

BRIOCHE

Este pan de origen francés, rico en mantequilla y huevo, es la base para infinidad de bollos y panes dulces. Ideal para un buen desayuno acompañado de mermelada.

A partir de esta receta base puedes elaborar las siguientes recetas:

Cinnamon Rolls

Donuts

RECETA BASE

Ingredientes

1 pan

250 g de harina
20 g de levadura prensada
de panadería
40 ml de leche
75 g de azúcar
60 g de mantequilla
1 cucharadita de sal
1 huevo
2 yemas

BRIOCHE

PREPARACIÓN

Disuelve la levadura en la leche tibia y resérvala.

En la mesa, forma un volcán con la harina, la sal y el azúcar. Vierte en el centro la leche con la levadura, el huevo, las yemas y la mantequilla a temperatura ambiente (debe estar blanda pero no derretida). Con la ayuda de un tenedor, comienza a remover desde el centro uniendo el líquido con la harina del volcán. Continúa amasando con las manos unos 10 minutos, hasta que la masa esté bien fina y elástica. También puedes amasarla en un robot de cocina.

Transfiere la masa a un bol, cúbrela con papel film y déjala reposar hasta que duplique su volumen.

Precalienta el horno a 180 ºC.

Dispón la masa sobre la mesa enharinada y amásala para desgasificar.

Divídela en ocho partes y forma bolas. Dispón las bolas de masa en un molde alargado para *plumcake* y déjala reposar nuevamente hasta que duplique su volumen, alrededor de 1 hora y media.

Transcurrido este tiempo, pincélalas con huevo batido e introdúcelas en el horno entre 35 y 40 minutos. Después, retíralas.

Estos bollos, muy tradicionales de la pastelería sueca, inundarán tu cocina de aroma a canela.

INGREDIENTES

12 rollitos

1 receta de brioche (p. 80)

Para el relleno:
40 g de mantequilla
75 g de azúcar moreno
2 cucharadas
de canela en polvo

Para el glaseado:
50 g de queso para untar
75 g de azúcar glas
gotas de zumo de limón

Cinnamon Rolls

PREPARACIÓN

Elabora la masa de brioche tal como lo explica la receta de la página 80 y déjala reposar hasta que duplique su volumen.

Elaboración del relleno: funde la mantequilla, añade el azúcar, la canela y la harina y mézclalo todo muy bien. Resérvalo.

Cuando la masa haya duplicado, colócala sobre la mesa enharinada y amásala para desgasificar.

Con la ayuda de un rodillo, estírala hasta lograr un rectángulo de ½ cm de grosor aproximadamente y que su lado más largo tenga unos 25 cm. Cúbrela con el relleno y enrolla por el lado más largo del rectángulo.

A continuación, corta doce rodajas de unos 2 cm de grosor. Disponlas en una fuente untada con mantequilla, con 1 cm de separación entre ellas, y deja reposar hasta que dupliquen su volumen, alrededor de 1 hora y media.

Precalienta el horno a 180 ºC.

Pincela los rollos con huevo batido y hornéalos entre 15 y 20 minutos.

Mientras se hornean prepara el glaseado.

Elaboración del glaseado: mezcla el queso con el azúcar y unas gotas de zumo de limón.

Transcurrido el tiempo de cocción de los rollos e inmediatamente, los cubrimos con el glaseado y dejamos secar media hora. Por tratarse de una masa leudada, lo ideal es consumirlos el mismo día de la elaboración.

Estos bollos son típicos de la pastelería estadounidense. Hazlos con los pequeños de la casa y idiviértete con ellos decorándolos!

Donuts

INGREDIENTES

15 donuts

1 receta de brioche (p. 80)
aceite de girasol para freír

Para el glaseado:
200 g de azúcar glas
50 ml de leche
colorante alimentario
en gel o en pasta
fideos de colores
para espolvorear

PREPARACIÓN

Elabora la masa de brioche tal como lo explica la receta de la página 80 y déjala reposar hasta que duplique su volumen.

Después, estírala sobre la mesa enharinada hasta que tenga 1 cm de grosor y corta círculos de 7 cm de diámetro. Quítale el centro a cada círculo con un cortante de 3,5 cm de diámetro.

Dispón los donuts en una fuente espolvoreada con harina y déjalos reposar hasta que dupliquen su volumen.

En una sartén, calienta el aceite y fríelos unos minutos por cada lado. Se doran fácilmente por lo que debes controlar que el aceite no esté demasiado caliente.

Elaboración del glaseado: pon el azúcar glas en un bol y agrégale poco a poco la leche caliente. Puede que no necesites utilizar toda la leche, según el azúcar glas que utilices necesitas entre 40 y 50 ml de leche. Si quieres darle color, incorpora colorante alimentario en pasta o en gel.

Para terminar, baña los donuts y déjalos orear hasta que el glaseado seque.

Nota: *deja leudar los centros que quitarás a cada círculo de masa, fríelos y rebózalos con azúcar. Aparte de los donuts tendrás hole doughnuts o agujeros de donuts.*

12

CRUMBLE

Esta receta de origen inglés es muy versátil: lo puedes utilizar para hacer el típico postre que lleva su nombre, para dar una corteza crujiente a *muffins* o tartas de frutas, o como una capa crujiente en *verrines* y vasitos.

A partir de esta receta base puedes elaborar las siguientes recetas:

Crumble <u>de</u> *melocotón y frambuesas*

Verrines <u>de</u> *lima y cacao*

Trifle <u>de</u> *pastel de queso y de fresa*

Verrine <u>de</u> *chocolate y fruta de la pasión*

RECETA BASE

Ingredientes

Para una tarta, 24 muffins
o 24 trifles o verrines

90 g de harina
90 g de mantequilla fría
90 g de azúcar
70 g de polvo de almendra

CRUMBLE

PREPARACIÓN

Trabaja todos los ingredientes en el robot de cocina hasta conseguir que forme grumos de unos pocos milímetros de grosor. Primero se asemejará a arena y, luego, comenzará a unirse y a formar los grumos.

También puedes elaborarlo a mano: desmenuza primero con los dedos la mantequilla y luego frotándola en las palmas de las manos.

En ambos casos, guárdalo en la nevera hasta utilizarlo.

Si lo quieres para darle un toque crujiente a tus vasitos, *verrines*, helados o *mousses* debes hornearlo solo: espárcelo sobre una bandeja con papel sulfurizado y hornéalo a 180 ºC unos 10 minutos. Déjalo enfriar bien y guárdalo en un recipiente hermético. Dura varias semanas, así que puedes elaborarlo y tenerlo guardado para cuando lo necesites.

Si lo quieres para cubrir una tarta de frutas, un bizcocho o *muffins* lo debes poner crudo sobre ellos y hornearlo con el resto de ingredientes.

Si lo prefieres...
Puedes hacerlo de cacao sustituyendo 30 gramos de harina por cacao puro.

También puedes cambiar la almendra por otros frutos secos, como avellanas o pistachos, y darle así otro matiz de sabor. Si quieres hacerlo de coco, reemplaza 20 gramos de polvo de almendra por coco rallado.

Otra opción es agregar piel de cítricos para hacerlo de naranja, limón o lima.

RECETA DERIVADA

Este postre es facilísimo, ideal para hacer en el último momento para una comida improvisada. Escoge la fruta de temporada que más te guste, cúbrela con el *crumble*, hornéala y ¡listo!

INGREDIENTES

6-8 raciones

1 receta de *crumble* (p. 88)
350 g de melocotones
100 g de frambuesas
60 g de azúcar
1 cucharada de harina

Crumble de *melocotón* y *frambuesas*

PREPARACIÓN

Precalienta el horno a 180 ºC.

Elabora el *crumble* siguiendo las indicaciones de la página 88 y resérvalo en la nevera hasta usarlo.

Coloca en un molde de servir resistente al horno los melocotones cortados en gajos y las frambuesas. Agrégales el azúcar y la harina y remuévelo.

Esparce uniformemente más fruta en la fuente y cúbrela con el *crumble*.

Hornéalo entre 30 y 35 minutos. Después, retíralo.

Sírvelo tibio o a temperatura ambiente acompañado de helado de nata o de vainilla.

Si lo prefieres...
Puedes utilizar la fruta que te apetezca: manzanas con un toque de canela, peras con un toque de anís, frutos rojos, albaricoques o cerezas.

En este postre, ideal para una cena veraniega, el *crumble* de cacao da un toque crujiente y amargo que contrasta a la perfección con la *mousse*, cremosa y ácida.

INGREDIENTES

8 verrines

⅓ de receta de *crumble* de cacao (p. 88)

Para la *mousse* de lima:
75 ml de zumo de lima
ralladura de lima
300 g de nata para montar
2 g de gelatina
sin sabor en hojas
2 claras
120 g de azúcar

Para la trufa de chocolate blanco y lima:
100 g de chocolate blanco
80 g de nata para montar
la ralladura de 1 lima

Verrines
de *lima y cacao*

PREPARACIÓN

Elaboración de la trufa: pica finamente el chocolate blanco y resérvalo. Calienta la nata junto con la ralladura de lima y viértela sobre el chocolate picado. Remuévelo todo hasta que esté bien unificado. Divide la trufa en ocho vasos o bols y deposítalos en la nevera a enfriar.

Mientras esperas, prepara la *mousse*.

Elaboración de la mousse: pon a hidratar la gelatina sin sabor en agua fría. Resérvala. Monta la nata y resérvala. Monta las claras con el azúcar hasta conseguir punto de nieve y agrégales la gelatina, previamente escurrida y fundida unos segundos en el microondas. Incorpora el zumo de lima y mézclalo todo suavemente. Para acabar, agrega la nata montada en tres veces, removiendo con suavidad y con movimientos envolventes para que no se baje.

Divide la *mousse* en los ocho vasos que contienen la trufa y deposítalos en la nevera para que enfríen al menos 3 horas.

Precalienta el horno a 180 ºC.

Elabora el *crumble* según las indicaciones de la página 88, y hornéalo 10 minutos. Déjalo enfriar y guárdalo en un recipiente hermético hasta utilizarlo.

Sirve los vasitos bien fríos cubiertos de *crumble*.

13

COOKIES

Estas galletas, húmedas y esponjosas, se elaboran con una masa blanda y se les da la forma solo con una cuchara. Son muy rápidas de hacer porque no necesitas amasar ni ensuciar la cocina. ¡Ideales para hacer con niños!

A partir de esta receta base puedes elaborar la siguiente receta:

Sándwich de helado

RECETA BASE

Ingredientes

10 galletas

125 g de mantequilla
70 g de azúcar
100 g de azúcar moreno
1 huevo
180 g de harina
1 cucharadita de sal
1 cucharadita
de levadura química
90 g de *chips* de chocolate

COOKIES

PREPARACIÓN

Precalienta el horno a 180 ºC.

Bate la mantequilla a temperatura ambiente con los dos azúcares hasta que esté bien cremoso.

Agrega el huevo y continúa batiendo unos minutos más.

Baja la velocidad de la batidora e incorpora la harina, la sal y la levadura química. Y finalmente agrega los chips de chocolate.

Con la ayuda de una cuchara, porciona las galletas sobre una placa con papel sulfurizado. Si lo haces con una cuchara para servir helados, las galletas te quedarán bien redondas y regulares.

Hornéalas de 12 a 14 minutos. No dejes que se doren y sequen demasiado porque deben quedar tiernas.

Si lo prefieres...
Cookies de doble chocolate: sustituye 30 gramos de harina por cacao puro.

Cookies de chocolate y naranja: agrégale ralladura de naranja y trozos de naranja confitada.

Cookies de frutos secos: agrégale 60 gramos de frutos secos picados gruesos. Quedan especialmente bien con nueces o con avellanas.

La receta de este helado es muy rápida y fácil de hacer. Con muy poco esfuerzo tendrás un postre que les encantará a los niños de la casa.

INGREDIENTES

8 sándwiches

1 receta de cookies (p. 96)
fideos de chocolate para decorar

Para el helado de vainilla:
280 g de leche condensada
1 vaina de vainilla
500 g de nata para montar
sal

Sándwich <u>de</u> *helado*

PREPARACIÓN

Elaboración del helado: monta la nata con la vainilla y una pizca de sal. Con la ayuda de una espátula y con cuidado de no bajar el batido, incorpora la leche condensada. Si tienes máquina para preparar helados, trabaja la mezcla en ella hasta que haya enfriado y deposítala en el congelador 2 horas. Si no tienes máquina, coloca la mezcla en un recipiente, preferentemente metálico, y llévalo al congelador. Para evitar que el helado cristalice, remuévelo cada media hora durante las 3 horas siguientes. Déjalo terminar de congelar 1 hora más como mínimo.

Precalienta el horno a 180 ºC.

Elabora la masa de galletas según las indicaciones del fabricante. Con la ayuda de una cuchara, divide la masa en 16 bolas, transfiérelas a una fuente con papel sulfurizado y hornéalas durante 12-14 minutos.

Transcurrido este tiempo, déjalas enfriar en la nevera al menos 1 hora.

Monta los sándwiches en el momento de consumir: coloca una bola de helado entre dos galletas y hazlo rodar sobre los fideos de chocolate.

14

PASTA CIGARRILLO

Con esta pasta se elaboran las tradicionales tejas y *neules* o barquillos. Su alto contenido en azúcar, que al hornearse se carameliza, le confiere su típico color dorado y su textura muy crujiente.

A partir de esta receta base puedes elaborar la siguiente receta:

Canutillo de chocolate blanco y frambuesa

Ingredientes

36 tejas

30 g de mantequilla
60 g de azúcar
40 g de harina
50 g de claras

PASTA CIGARRILLO

PREPARACIÓN

Precalienta el horno a 180 ºC.

Dispón en un bol la mantequilla en textura pomada, agrégale el azúcar y mézclalo todo bien. Incorpora la mitad de las claras, continúa con la harina y, por último, el resto de las claras.

Sobre un tapete de silicona o un papel sulfurizado, dispón cucharaditas de masa y espárcela para que queden círculos finos.

Introdúcelas en el horno hasta que las tejas adquieran un dorado uniforme, aproximadamente 5 minutos.

Al retirarlas del horno, y lo más rápido posible, colócalas sobre un rodillo o algún objeto circular y cúrvalas.

Déjalas enfriar bien antes de envasarlas. Se humedecen fácilmente, así que consérvalas en un recipiente bien hermético.

Si lo prefieres...
Puedes espolvorear cada teja antes de hornearla con almendra fileteada para hacerlas de almendra.

También puedes prepararlas de otros frutos secos; solo tienes que espolvorearlas antes de hornearlas con el fruto seco picado, como pistachos o avellanas. Otra opción es espolvorearlas con coco rallado.

Si quieres hacer *neules* o barquillos, apenas las sacas del horno enróllalas alrededor de un objeto con forma de tubo, como por ejemplo el mango de un batidor o de una cuchara.

Convierte la pasta cigarrillo en un recipiente para una *mousse* y sorprende a todos con un postre delicioso.

INGREDIENTES

8 canutillos

½ receta de pasta cigarrillo (p. 102)
60 g de frambuesas

**Para la *mousse*
de chocolate blanco:**
150 g de chocolate blanco
250 g de nata para montar

Canutillo de chocolate blanco y frambuesa

PREPARACIÓN

Elaboración de la mousse: calienta 50 gramos de nata, viértela sobre el chocolate blanco previamente derretido y remueve hasta que esté liso y cremoso. Déjalo enfriar a temperatura ambiente. Monta los 200 gramos de nata restante y agrégale el chocolate frio, en dos tandas, sin dejar de remover con una espátula con cuidado de no bajar el batido. Déjalo enfriar en nevera unas 2 horas.

Mientras, prepara los canutillos: elabora la pasta cigarrillo según las indicaciones y ponla en una manga pastelera con una boquilla lisa de 3 mm de diámetro.

Sobre una bandeja con papel sulfurizado o con un tapete de silicona, haz tres líneas paralelas de 20 cm de largo y con una separación de 3 mm entre cada una.

Con una espátula, alisa las líneas hasta conseguir un rectángulo de 3 x 20 cm. Repite este proceso para hacer el resto de canutillos.

Introduce la bandeja en el horno durante 5 minutos hasta que estén dorados uniformemente.

Apenas los saques del horno, enróscalos, uno a uno, alrededor de un rodillo u objeto con forma de tubo de 5 cm de diámetro. Espera unos segundos hasta que se enfríen y endurezcan y retíralos suavemente.

Si los rectángulos que quedaron en la fuente se enfrían demasiado, introdúcelos de nuevo en el horno unos segundos para ablandarlos y poder curvarlos. Te será más fácil si haces dos o tres canutillos por bandeja porque así te dará mas tiempo a curvarlos.

Cómo montar los canutillos:
Coloca una cucharada de *mousse* dentro de cada canutillo y cúbrelos con frambuesas. Móntalos en el momento de servir. La pasta cigarrillo se humedece muy fácilmente así que conserva los canutillos en un recipiente hermético hasta el momento de servir.

15

MERENGUE SECO

Este merengue puede ser la base para muchos postres o un dulce por sí solo. Su textura crujiente se debe a un horneado suave y prolongado. Agrégale un poco de color y hornea pequeñas piezas, tendrás llamativos dulces hechos en casa para los más pequeños.

A partir de esta receta base puedes elaborar la siguiente receta:

Pavlova de mascarpone, pistachos y frutos del bosque

RECETA BASE

Ingredientes

20 merengues

5 claras
150 g de azúcar glas
150 g de azúcar
colorante alimentario

MERENGUE SECO

PREPARACIÓN

Precalienta el horno a 100 ºC.

Monta las claras con el azúcar hasta que estén a punto de nieve. Si los quieres de color, tienes que agregarle el colorante en este paso.

A mano y con la ayuda de una espátula, incorpora el azúcar glas tamizado.

A continuación, con una cuchara o una manga pastelera distribuye el merengue sobre una bandeja con papel sulfurizado en piezas del tamaño que quieras.

Hornéalos durante 2 horas. El tiempo de cocción puede variar dependiendo del tamaño de los merengues.

Transcurrido este tiempo, apaga el horno y déjalos enfriar dentro 1 hora más.

Guárdalos en un recipiente hermético porque son muy sensibles a la humedad.

Si lo prefieres...
Espolvoréalos antes de hornearlos con coco rallado, pistachos o algún otro fruto seco picado.

Los puedes hacer de chocolate, agregando una cucharada de cacao al merengue y removiéndolo con cuidado.

INGREDIENTES

10 raciones

1 receta de merengue seco (p. 108)
60 g de pistachos picados
200 g de frambuesas
200 g de arándanos
200 g de fresas

Para la crema
de *mascarpone*:
750 g de *mascarpone*
150 g de azúcar
200 g de nata para montar
1 vaina de vainilla

Pavlova
de mascarpone, *pistachos* *y frutos del bosque*

PREPARACIÓN

Precalienta el horno a 100 ºC.

Elabora el batido de merengue siguiendo las indicaciones de la página 108.

Seguidamente, divide la preparación en tres partes y forma tres círculos de merengue sobre papel sulfurizado de 25 cm de diámetro.

Espolvorea cada círculo con pistachos picados.

Introdúcelos en el horno durante 1 hora y media.

Transcurrido este tiempo, apaga el horno y déjalos enfriar en el interior. Se pueden hornear con antelación, solo debes guardar los círculos en un recipiente hermético para que no se humedezcan hasta el momento de usar.

Elaboración de la crema de mascarpone: pon en un bol la nata con el azúcar y las semillas de la vaina de vainilla. Mézclalo hasta que se disuelva el azúcar. Agrega el *mascarpone* y bátelo hasta que monte y espese un poco. Ten cuidado de no batir demasiado porque se corta fácilmente.

Cómo montar la *pavlova*:
Pon un círculo de merengue en un plato o *cake stand*, cúbrelo con un tercio de la crema de *mascarpone* y con un cuarto de las frutas. Coloca otro círculo de merengue por encima y repite el paso anterior. Acaba colocando el último disco de merengue, la crema restante y todas las frutas por encima.

Móntala el mismo día en que se servirá, preferiblemente un par de horas antes, así el merengue no se humedece.

Si lo prefieres...
Haz los círculos de merengue espolvoreados con coco rallado y combínalos con frutas tropicales como piña y mango. También puedes hacer los círculos de merengue de cacao y montar la *pavlova* con plátano y fresas.

16

MERENGUE ITALIANO

Este merengue, que se cuece con un almíbar caliente, adquiere una excelente textura para decorar tartas, *cupcakes* y pasteles, ya que mantiene su cuerpo durante más tiempo. También es muy utilizado como base para otros postres, como *mousses* o crema *Chiboust*.

A partir de esta receta base puedes elaborar las siguientes recetas:

Cupcake Hit Hat

Mousse de *limón*

Lemon pie

Macarons

Ingredientes

Para 24 cupcakes, 2 tartas o cubrir un pastel.

4 *claras*
240 g *de azúcar*
80 ml *de agua*

MERENGUE ITALIANO

PREPARACIÓN

En un cazo, dispón el azúcar y el agua para hacer un almíbar. Controla la temperatura del almíbar con un termómetro para azúcar y deja que alcance 118 ºC. Si no dispones de termómetro, puedes controlar el punto del azúcar introduciendo una cucharita con una pequeña cantidad del almíbar dentro de un vaso de agua fría. Si el almíbar forma una bolita blanda que puedes coger con los dedos, ya está en su punto.

Cuando el almíbar comience a hervir, monta las claras con una batidora o robot de cocina.

Cuando el almíbar llegue a 118 ºC, retíralo del fuego y viértelo lentamente y en forma de hilo fino sobre las claras montadas sin dejar de batir. Continúa batiendo hasta que enfríe y listo.

Este *cupcake* es una fiesta de sabores y texturas: el bizcocho esponjoso, el relleno cremoso, el merengue muy suave y el chocolate crujiente de la cobertura. ¡Imposible resistirse!

INGREDIENTES

12 cupcakes

½ receta de bizcocho de chocolate (p. 16)
½ receta de merengue italiano (p. 114)
chocolate 70 % de cacao para bañar
fideos de colores para decorar

Para el relleno de trufa de chocolate:
60 g de chocolate con leche
35 g de nata para montar

Cupcakes Hit Hat

PREPARACIÓN

Elaboración del relleno de trufa de chocolate: derrite en el microondas el chocolate; caliéntalo a intervalos cortos y remuévelo entre uno y otro para evitar que el chocolate se queme. Calienta la nata, viértela sobre el chocolate y mézclalo todo hasta obtener una crema homogénea. Déjala enfriar.

A continuación, hornea los bizcochos de chocolate para *cupcakes* según las indicaciones de la página 16. Cuando ya estén fríos, con la ayuda de una cuchara sacabolas o de un cuchillo, haz un hueco en el centro de cada uno y rellénalos con la trufa de chocolate.

Haz el merengue italiano según las indicaciones de la página 114. Cuando esté frío, ponlo dentro de una manga pastelera con boquilla lisa y cubre los bizcochos. Deja enfriar el merengue unos 20-30 minutos.

Transcurrido este tiempo, funde en el microondas el chocolate 70 %; tienes que calentarlo a intervalos cortos y removiéndolo entre uno y otro para evitar que el chocolate se queme.

Coge cada bizcocho por la cápsula de papel y sumérgelo en el chocolate derretido hasta cubrir todo el merengue. Tendrás que tener suficiente chocolate para que cubra todo el merengue. Por ello, es aconsejable utilizar un bol o recipiente de un diámetro no muy grande, de unos pocos centímetros más que el *cupcake*.

Cuando lo retires del sumergido, sacúdelo un poco para que caiga el exceso de chocolate, dale la vuelta y espolvoréalo con fideos de colores.

Déjalos enfriar para que el chocolate se endurezca y sírvelos.

RECETA DERIVADA

Esta tarta *mousse* de limón es especial para el verano, bien ácida y refrescante. Sírvela con nata montada y decorada con arándanos.

Mousse
de *limón*

INGREDIENTES

10 raciones

Para la *mousse*:
½ receta de merengue italiano (p. 114)
75 ml de zumo de limón
ralladura de limón
250 g de nata para montar
4 g de gelatina sin sabor en hojas

Para la base de galletas:
200 g de galletas María
75 g de mantequilla

PREPARACIÓN

Precalienta el horno a 180 ºC.

Tritura las galletas con un robot de cocina.
Funde la mantequilla y mézclala con las galletas
molidas.

Seguidamente, vierte la masa de galletas en un
molde de 20 cm de diámetro y presiona para
que cubra toda la base.

Hornéala durante 15-20 minutos y déjala enfriar.

Mientras, en un bol con agua bien fría, pon
a hidratar la gelatina. Resérvala.

Monta la nata y resérvala también.

Haz el merengue italiano según las indicaciones
de la página 114.

Cuando el merengue aún esté caliente, agrégale
la gelatina escurrida y fundida durante unos
segundos en el microondas y continúa batiendo.

Una vez frío, incorpora el zumo y la ralladura
de limón y mézclalo todo suavemente con una
espátula.

Seguidamente, incorpora la nata montada en
tres tandas, y remuévelo con suavidad y con
movimientos envolventes para que no se baje.

Para terminar, viértelo sobre la base de galletas
y déjala enfriar al menos 5 horas. Puedes
congelarla y sacarla un par de horas antes
de consumir.

17

MACARONS

Estos dulces tan coloridos y llamativos se elaboran a partir de un merengue, que le confiere la textura crujiente por fuera, combinado con almendra en polvo, que los hace muy tiernos por dentro.

A partir de esta receta base puedes elaborar la siguiente receta:

Tarta de avellanas y chocolate

RECETA BASE

Ingredientes

30 macarons

100 g de almendra en polvo
100 g de azúcar glas
70 g de claras de huevo
100 g de azúcar
35 ml de agua
colorante en polvo,
pasta o gel

MACARONS

PREPARACIÓN

Dispón en un bol la almendra en polvo con el azúcar glas y la mitad de claras de huevo. Remuévelo todo hasta obtener un mazapán y agrégale el colorante.

Con el azúcar, el agua y las claras restantes elabora un merengue italiano siguiendo las indicaciones de la página 114.

Cuando el merengue esté tibio, incorpóralo al mazapán en dos tandas. Remuévelo para unirlo todo bien y obtener una mezcla espesa pero no demasiado. Si lo notas muy espeso, bátelo enérgicamente unos segundos para bajar un poco el merengue.

Seguidamente, transfiere la mezcla a una manga pastelera con boquilla lisa de 1 cm de diámetro y esparce los *macarons* sobre una bandeja con papel sulfurizado. Entre cada uno deja una separación de, al menos, 2 cm porque al hornearse se extenderán.

Deja secar a temperatura ambiente los *macarons* durante 30 minutos o hasta que al tocarlos suavemente con un dedo este no se quede pegado y salga limpio.

Introdúcelos en el horno a 160 ºC durante 6 minutos.

Transcurrido este tiempo, abre la puerta del horno para permitir que salga la humedad y continúa horneándolos otros 6 minutos más. Después, quítalos del horno y déjalos enfriar.

Rellénalos con trufa de diferentes sabores, con mermelada de frutas, con crema de frutas o crema de mantequilla y déjalos orear 1 hora.

Para terminar, deposítalos en la nevera y déjalos enfriar al menos 24 horas antes de comerlos.

Esta tarta hecha a base de discos de *macarons* gigantes combina chocolate con avellanas, dos ingredientes que juntos son irresistibles.

INGREDIENTES

6-8 raciones

50 g de almendra en polvo
50 g de avellanas molidas
100 g de azúcar glas
70 g de claras de huevo
100 g de azúcar
35 ml de agua
avellanas picadas
para decorar

Para la trufa:

150 g de nata para montar
150 g de chocolate
200 g de nata para montar

Tarta de avellanas y chocolate

PREPARACIÓN

Elabora una trufa según las indicaciones de la página 180 con 150 gramos de chocolate y 150 gramos de nata para montar. Déjala enfriar bien.

Haz la receta de *macarons de la página 122* sustituyendo la mitad de la almendra en polvo por avellana molida. Divídela en tres partes y espárcela sobre papel sulfurizado formando tres círculos de 16 cm de diámetro. Deja secar los círculos hasta que al tocarlos suavemente con un dedo este no se quede pegado y salga limpio.

Hornéalos a 160 ºC durante 8 minutos.

Transcurrido este tiempo, abre la puerta del horno para permitir que salga la humedad y continúa horneándolos otros 8 minutos más. Retíralos del horno y déjalos enfriar.

Prepara el relleno con una trufa montada: dispón 200 gramos de la trufa fría en un bol y reserva los 100 gramos restantes para decorar. Agrégale 200 gramos de nata y móntala. Ten cuidado de no montar demasiado porque se corta fácilmente.

Cómo montar la tarta:

Móntala intercalando capas de círculos de *macarons* de avellanas con la trufa de chocolate montada. Cúbrela con los 100 gramos de trufa de chocolate restantes y decórala con avellanas picadas.

18

CREMA PASTELERA

Esta crema es una de las preparaciones más versátiles en pastelería. Por su suave sabor y textura sirve para rellenar pasteles y dulces de todo tipo. Queda especialmente bien con la pasta *choux* y con el hojaldre.

A partir de esta receta base puedes elaborar la siguiente receta:

Tarta de crema y plátanos

Ingredientes

*Para 700 g de crema
pastelera*

100 g de azúcar
500 ml de leche
40 g de almidón
4 yemas
1 vaina de vainilla

CREMA PASTELERA

PREPARACIÓN

Pon en un bol las yemas con 100 ml de leche. Bátelas para unificar y añádele el almidón. Resérvalas.

En una cacerola pequeña, pon el resto de leche, el azúcar y la vainilla. Lleva al fuego hasta que rompa el hervor. Vierte sobre las yemas mientras revuelves enérgicamente. Pon la mezcla de leche y yemas en la cacerola nuevamente y llévala a fuego medio hasta que hierva y espese, sin dejar de revolver. Viértela en un bol, cúbrela con papel film pegado a la superficie de la crema para que no forme una capa dura y déjala enfriar en nevera.

Variante:
Para hacerla de chocolate añádele cuando aún está caliente 300 gramos de chocolate derretido.

Sin duda a esta tarta se la podría tildar de *confort food*. El suave sabor de vainilla y crema combinados con el plátano te transportará a otros tiempos.

INGREDIENTES

8-10 raciones

1 receta de masa básica para tartas (p. 72)
1 receta de crema pastelera, (p. 128)
380 g de nata
3 plátanos
chocolate para decorar

Tarta
de *crema y plátanos*

PREPARACIÓN

Elabora la crema pastelera según las indicaciones de la página 128 y déjala enfriar en nevera al menos 2 horas.

Elabora la masa básica para tartas según las instrucciones de la página 72, y déjala descansar en la nevera.

Enciende el horno a 180 ºC.

Forra con la masa un molde para tarta de 24 cm de diámetro. Pon un papel de horno por encima de la masa y cubre con un ingrediente de peso como garbanzos o alubias crudos. Hornéala durante 10 minutos, quítale el papel con el peso y hornéala 15 minutos mas o hasta que esté dorada. Déjala enfriar.

Montaje:
Monta la nata, separa 180 gramos y resérvala en nevera. Añade los 200 gramos restantes de nata montada a la crema pastelera revolviendo con cuidado para no bajar el montado.

Acomoda la mitad de plátanos cortados en rodajas sobre la base de masa horneada y cúbrelos con la mitad de la crema pastelera. Añade el resto de plátanos y por encima la otra mitad de crema pastelera. Acábala cubriéndola con la nata montada reservada y decorándola con virutas de chocolate. Enfríala en nevera como mínimo 2 horas.

Variantes:
Puedes hacer una tarta de chocolate y crema. Haz la crema pastelera de chocolate según las explicaciones de la página 128 y móntala sin los plátanos.

19

FLAN

Un postre básico, muy fácil de hacer y muy nutritivo para los pequeños de la casa. Y lo mejor de todo, con solo tres ingredientes: leche, azúcar y huevos.

A partir de esta receta base puedes elaborar la siguiente receta:

Tarta especiada de crema quemada

RECETA BASE

Ingredientes

6 individuales o 1 grande

Para el caramelo líquido:
150 g de azúcar
70 ml de agua

Para el flan:
2 yemas
2 huevos
90 g de azúcar
vaina de vainilla
500 ml de leche

FLAN

PREPARACIÓN

Elaboración del caramelo líquido: pon el azúcar en una cacerola y llévalo al fuego. Cuando haya caramelizado, retíralo y con cuidado agrega el agua hirviendo. En este momento todo hervirá a borbotones. Es importante que el agua esté caliente para evitar un contraste de temperatura muy alto con el caramelo. Remuévelo para disolver el caramelo con el agua y llévalo nuevamente al fuego 1 o 2 minutos. Si dispones de termómetro de azúcar para controlar la temperatura, esta debe ser de 110 ºC. Déjalo enfriar y viértelo en el molde o moldes.

Precalienta el horno a 160 ºC.

En un bol, bate bien las yemas y los huevos. Resérvalas.

Pon en una cacerola el azúcar, la leche y las semillas de la vaina de vainilla y lleva a ebullición. Cuando rompa a hervir, vierte el contenido sobre las yemas y mézclalo todo bien.

A continuación, divide la mezcla en los moldes con caramelo o transfiérela a un único molde y hornea al baño María durante 30 minutos. Para el baño María, dispón los moldes o el molde en una bandeja de al menos 3 cm de profundidad con agua hirviendo. Mientras se hornean, vigila que el agua no hierva para evitar que el huevo coagule rápido y el flan quede duro y poco cremoso. Si hierve, agrégale un poco de agua fría para bajar la temperatura. Transcurrido este tiempo, déjalo enfriar en la nevera al menos 4 horas antes de servirlo.

Si lo prefieres...

Puedes hacer una *crème brûlée:* elabora una mezcla de la misma manera que el flan pero sin los huevos enteros, utilizando cuatro yemas y sustituyendo la mitad de la leche por nata. Vierte la mezcla en moldes de cristal o cerámica y hornéalos al baño María a 120 ºC entre 30 y 40 minutos. Déjala enfriar en la nevera al menos 2 horas. Antes de servirla, espolvoréala con azúcar y quémala con un soplete de cocina o en el gratinador del horno unos 3 minutos.

Si eres un amante de las especias tienes que probar esta tarta: canela, jengibre y caramelo. Todo el sabor en un postre fácil.

INGREDIENTES

6 raciones

Para la base de galletas:
200 g de galletas
tipo Spéculoos
75 g de mantequilla

Nota: si no encuentras este tipo de galletas, puedes hacerlo con galletas María agregándoles un poco de canela y de jengibre en polvo.

Para el flan:
1 yema
1 huevo
60 g de azúcar muscovado
o azúcar moreno
175 ml de leche
75 g de nata para montar
1 cucharadita
de canela molida
¼ de cucharadita
de jengibre molido
¼ de cucharadita
de 4 especias

Tarta especiada
de crema quemada

PREPARACIÓN

Precalienta el horno a 180 ºC.

Tritura las galletas con un robot de cocina.

Funde la mantequilla y mézclala con las galletas molidas.

Vierte la masa de galletas en un molde de 20 cm de diámetro y presiona para cubrir toda la base y que quede la superficie lisa.

Hornéala durante 15-20 minutos.

Mientras, elabora el relleno: haz la mezcla de flan según las indicaciones de la página 134.

Transcurrido el tiempo de horneado, vierte el flan en la tarta e introdúcela de nuevo en el horno al baño María a 180 ºC durante 25-30 minutos.

Después, retírala y déjala enfriar en la nevera.

Antes de servirla, espolvoréala con azúcar y quémala con un soplete o con un quemador. Si no tienes ningún utensilio para quemar, cubre los bordes de masa de la tarta con papel de plata y gratínala en el horno a máxima potencia durante 2 minutos.

20

CREMA INGLESA

Su suave sabor a vainilla la hace ideal para acompañar cualquier postre o tarta. Y a partir de ella también se elaboran muchas otras recetas, como helados, *mousses*, *bavarois*, cremosos...

A partir de esta receta base puedes elaborar las siguientes recetas:

Isla flotante

Carlota <u>*de*</u> *coco y piña*

RECETA BASE

Ingredientes

para 400 g de crema inglesa

120 g de nata para montar
180 ml de leche
3 yemas
40 g de azúcar

CREMA INGLESA

PREPARACIÓN

Pon las yemas en un bol y agrégales el azúcar y dos cucharadas de la leche fría.

Lleva a ebullición el resto de la leche y la nata.

Cuando rompa a hervir, viértelo sobre las yemas sin dejar de batir y llévalo de nuevo al fuego al baño María sin dejar de remover con una cuchara de madera. Cuécela hasta que espese un poco.

Cuando la crema napa el dorso de la cuchara y el dedo deja rastro al pasarlo por ella ya está lista. Si tienes termómetro de azúcar, controla la temperatura mientras la cueces, debe llegar a 80-85 ºC.

Finalmente, retírala del fuego, cuélala inmediatamente y déjala enfriar.

Este postre tan tradicional de la repostería francesa es muy fácil de elaborar. ¡Y lo mejor de todo es que lleva solo cuatro ingredientes que siempre tenemos en casa!

INGREDIENTES

6 individuales o 1 grande

1 receta de crema inglesa (p. 140)
3 claras
90 g de azúcar

Para el caramelo líquido:
150 g de azúcar
70 ml de agua

Isla flotante

PREPARACIÓN

Elabora la crema inglesa según las indicaciones de la receta y déjala enfriar.

Elaboración del caramelo líquido: pon el azúcar en una cacerola y caramelízalo en el fuego. Cuando esté dorado, retíralo y con mucho cuidado agrégale el agua hirviendo (es muy importante que el agua esté caliente para evitar un contraste de temperatura muy alto con el caramelo). Verás que hervirá todo a borbotones. Remueve para disolver el caramelo con el agua y lleva nuevamente al fuego 1 o 2 minutos. Si dispones de termómetro de azúcar para controlar la temperatura, retíralo del fuego cuando llegue a 110 ºC. Déjalo enfriar.

Cuando el caramelo esté totalmente frío, repártelo en seis moldes individuales para flan; debes cubrir toda la superficie interior. Resérvalos.

Precalienta el horno a 180 ºC.

En un bol, dispón las claras y el azúcar y móntalas a punto de nieve.

Seguidamente, llena el interior de las flaneras con este merengue.

Colócalas en una fuente para horno con 2 cm de agua hirviendo y hornéalas al baño María durante 30 minutos.

Transcurrido este tiempo, retíralas y déjalas en la nevera 2 horas antes de presentarlas.

En el momento de servir, coloca una base de crema inglesa en cada bol individual y en el centro un merengue con caramelo. Vierte un poco más de crema inglesa alrededor.

RECETA DERIVADA

La carlota o *charlotte* es un tradicional postre francés, que combina bizcochos tiernos con una suave crema *bavarois*. Esta es mi versión tropical.

Carlota de coco y piña

INGREDIENTES

16-18 melindros

½ receta de melindros (p. 12)
piña fresca para decorar
coco fresco para decorar

Para la piña caramelizada:
400 g de piña fresca
120 g de azúcar

Para la *bavarois*:
400 ml de leche de coco
4 yemas
60 g de azúcar
10 g de gelatina sin sabor
350 g de nata para montar

PREPARACIÓN

Elaboración de la piña caramelizada: en una sartén, dispón el azúcar y caramelízalo. Cuando esté al punto, incorpora la piña cortada en dados y cuécela entre 10 y 15 minutos, hasta que adquiera el color dorado y se haya evaporado casi todo el líquido. Déjala enfriar en la nevera hasta el momento de utilizarla.

Elaboración de la bavarois: hidrata la gelatina en agua fría y resérvala. Elabora con la leche de coco, las yemas y el azúcar una crema inglesa según las indicaciones de la página 140. Apenas retires del fuego la crema inglesa, agrégale la gelatina escurrida y remueve hasta que se haya fundido con el calor de la crema. Déjala enfriar en la nevera hasta que espese un poco, alrededor de 1 hora.

Transcurrido el tiempo de espesado de la crema inglesa, agrégale la nata montada con la ayuda de una espátula y con movimientos envolventes.

Cómo montar la carlota
Cuela la piña caramelizada recuperando el almíbar. Resérvalo.

Dispón los melindros de pie y verticales en un molde de 16 cm de diámetro. Con el resto de melindros, realiza una base de bizcocho encajándolos para que no queden huecos y báñalos con el almíbar de la piña caramelizada.

Vierte en la base de melindros la mitad de la *bavarois*. Seguidamente, cúbrela con una capa de piña caramelizada y, encima, pon el resto de *bavarois*.

Deposítala en la nevera al menos 4 horas.

Decórala con trozos de piña fresca y virutas de coco fresco.

21

CREMA de MANTEQUILLA

También llamada *buttercream*, es una crema básica de la pastelería de los Estados Unidos, muy utilizada para elaborar pasteles y *cupcakes*.

A partir de esta receta base puedes elaborar la siguiente receta:

Cupcakes de *café*

Ingredientes

24 cupcakes o 1 pastel

300 g de mantequilla
400 g de azúcar glas
15 ml de zumo de limón
1 vaina de vainilla
sal

CREMA
de MANTEQUILLA

PREPARACIÓN

En un bol pequeño, diluye una pizca de sal en el zumo de limón y resérvalo.

Seguidamente, monta la mantequilla a temperatura ambiente con el azúcar y bátela hasta que esté bien blanca y espumosa.

Abre la vaina de vainilla y retira las semillas. Agrégalas junto con el zumo de limón con sal a la crema de mantequilla y continúa batiendo hasta que todo quede bien incorporado.

Consejos:
Aunque es una receta de elaboración fácil debes tener en cuenta algunas cosas:

La mantequilla no debe estar fría, pero tampoco demasiado blanda, porque si no no montará bien.

Bátela mucho tiempo, hasta que esté bien blanca.

Utilízala cuando esté recién elaborada. Si la haces con antelación, asegúrate de volver a batirla cuando vayas a usarla.

Consúmela a temperatura ambiente. Si la guardas en la nevera, retírala al menos 1 hora antes de servir.

Puedes darle color con colorante alimenticio en gel o en pasta.

Si lo prefieres...
Puedes darle sabor con ralladura de cítricos o pastas de frutos secos, como mantequilla de cacahuete, turrón de Jijona desmenuzado o crema de avellanas y chocolate. Si quieres hacerla de chocolate, sustituye el zumo de limón por 40 ml de leche y disuelve en ella 20 gramos de cacao puro.

¿Quién puede resistirse a un *cupcake*? Son un placer para todos los sentidos. Y si te gusta el café, no dejes de probar estos.

INGREDIENTES

para 12 cupcakes

1 receta de bizcocho de vainilla (p. 24)
fideos de chocolate para decorar

Para el relleno de trufa de café:
60 g de chocolate con leche
35 g de nata para montar
café soluble

Para la cobertura:
½ receta de crema de mantequilla (p. 148)
2 cucharadas de café soluble
2 cucharadas de agua caliente

Cupcakes
de *café*

PREPARACIÓN

Elaboración del relleno de trufa de café: derrite en el microondas el chocolate; recuerda calentarlo a intervalos cortos y removiéndolo entre uno y otro para evitar que se queme. Calienta la nata, agrégale el café soluble y mézclalo hasta que se disuelva. Viértela sobre el chocolate y remuévelo todo hasta obtener una crema homogénea. Déjala enfriar.

Seguidamente, hornea los bizcochos de vainilla para *cupcakes* según las indicaciones de la página 24. Cuando ya estén fríos, con la ayuda de un sacabolas de patatas o de un cuchillo, haz un hueco en el centro de cada bizcocho y rellénalos con la trufa de café.

Elaboración de la cobertura: disuelve el café en el agua caliente y resérvalo. Prepara la crema de mantequilla según las indicaciones de la página 148. Cuando esté lista, agrégale el café disuelto y bátelo unos minutos más hasta que se haya mezclado todo bien.

Transfiere la crema a una manga pastelera con boquilla y cubre los bizcochos.

Para terminar, decóralos con fideos de chocolate y sírvelos a temperatura ambiente.

22

PASTEL de QUESO

Este *cheesecake* es suave y cremoso, como el tradicional New York Cheesecake. Es muy fácil de elaborar, el secreto está en su horneado, a baja temperatura y lentamente.

A partir de esta receta base puedes elaborar la siguiente receta:

Minitarta de ricota, higos y miel

Ingredientes

8 raciones

600 g de queso para untar
190 g de nata para montar
2 cucharadas de harina
1 yema
2 huevos
160 g de azúcar
sal

Para la base de galletas:
200 g de galletas María
75 g de mantequilla

PASTEL
de QUESO

PREPARACIÓN

Precalienta el horno a 180 ºC.

Tritura las galletas con un robot de cocina.

Funde la mantequilla y mézclala con las galletas molidas.

Vierte la masa de galletas en un molde desmontable de 20 cm de diámetro y presiónala para alisar la superficie y cubrir toda la base.

Hornéala durante 15 minutos, retírala y déjala enfriar.

Aumenta la temperatura del horno a 200 ºC.

Seguidamente, mezcla el queso (a temperatura ambiente) con el azúcar hasta que se disuelva. Agrégale la harina y una pizca de sal y continúa mezclando. Incorpora uno a uno los huevos y la yema y finaliza con la nata. Debe quedar una mezcla lisa y homogénea. Puedes hacerlo con un robot de cocina, pero asegúrate de no batir mucho. Vierte la mezcla sobre la base de galletas y hornéalo durante 10 minutos.

Transcurrido este tiempo, baja la temperatura a 100 ºC y continúa horneándolo 45 minutos más. Después, apaga el horno y déjalo enfriar allí al menos 1 hora.

Para terminar, deposítalo en la nevera por lo menos 4 horas. En el momento de servir, desmóldalo y cúbrelo de mermelada o con frutas frescas.

Si lo prefieres...
Puedes elaborar la tarta con algunas variantes:
Dulce de leche: agrégale 250 gramos a la mezcla.
Galletas de chocolate rellenas: elabora la base con estas galletas y agrega a la mezcla antes de hornearla galletas de chocolate groseramente trituradas.
Especias: elabora la base con galletas Spéculoos y agrégale a la mezcla especias a tu gusto (canela, jengibre y cuatro especias).
Lima: agrega a la mezcla la ralladura de cuatro limas.

En esta tarta sustituye el queso para untar por ricota, un queso tradicional italiano. Si no tienes ricota, puedes reemplazarla por requesón.

Minitarta de ricota, higos y miel

PREPARACIÓN

Elabora la pasta azucarada según las indicaciones de la página 64 y déjala reposar.

Prepara la tarta de queso con los ingredientes según las indicaciones de la página 154; recuerda que debes sustituir el queso para untar por la ricota o el requesón. Resérvalo.

Precalienta el horno a 180 ºC.

Estira la pasta azucarada de 2 o 3 mm de espesor. Córtala a círculos y forra con ellos moldes individuales para tartas de unos 8 cm de diámetro.

Seguidamente, rellena cada molde con la mezcla de ricota y cúbrelos con un círculo de pasta azucarada. Debes presionarlos por los bordes para que se pegue a la masa de la base.

Hornea las minitartas entre 35 y 40 minutos.

Transcurrido este tiempo, déjalas enfriar y sírvelas con higos y miel.

INGREDIENTES

6 minitartas

1 receta de pasta azucarada (p. 64)
6 higos
miel para decorar

Para la tarta de queso:
300 g de queso ricota o requesón
95 g de nata para montar
1 cucharada de harina
1 yema
1 huevo
80 g de azúcar
sal

23

MOUSSE _{de} QUESO

Con esta suave y cremosa *mousse* podrás elaborar postres tan diferentes como tiramisú o vasitos de pastel de queso. Su sabor cambiará totalmente dependiendo del queso que utilices.

A partir de esta receta base puedes elaborar las siguientes recetas:

Trifle _{de} *pastel de queso y fresa*

Tiramisú

Ingredientes

Para 6 raciones

2 huevos
75 g de azúcar
50 g de nata para montar
250 g de queso fresco para untar o *mascarpone*
2 g de gelatina en hojas

MOUSSE
de QUESO

PREPARACIÓN

En primer lugar, separa las claras de las yemas. Monta las claras con la mitad del azúcar y resérvalas.

Pon a hidratar las hojas de gelatina en agua bien fría. Resérvalas.

En un bol, dispón el queso y agrégale la nata. Mézclalo todo bien y resérvalo.

A continuación, monta las yemas con el resto del azúcar hasta que hayan blanqueado y el azúcar se haya disuelto. Incorpóralas a la mezcla de queso y nata en dos tandas y removiendo con mucho cuidado.

Escurre bien la gelatina, fúndela unos segundos en el microondas y agrégala a la mezcla anterior.

Para terminar, incorpora las claras montadas en dos tandas, mézclalo con cuidado y ya tienes la *mousse* de queso.

Un clásico, *cheesecake* y fresa, convertido en una suave *mousse*.

Trifle
de *pastel de queso y fresa*

PREPARACIÓN

Elabora el *crumble* según las indicaciones de la página 88 con un horneado a 180 ºC durante 10 minutos. Después, déjalo enfriar.

Pon a hidratar la gelatina en agua bien fría. Resérvala.

Elaboración de la jalea de fresa: limpia y corta las fresas en trozos medianos y disponlas en una cacerola junto con el azúcar. Déjalas reposar unos 10 minutos para que desprendan su jugo. Transcurrido este tiempo, cuécelas durante 10 minutos; seguidamente, tritúralas con un túrmix y agrega la gelatina bien escurrida cuando aún esté el triturado caliente para que se disuelva con el calor. Déjala enfriar a temperatura ambiente.

INGREDIENTES

8 unidades

1 receta de *mousse* de queso elaborada con queso para untar (p. 160)
½ receta de *crumble* (p. 88)

Para la jalea de fresa:
150 g de fresas
50 g de azúcar
2 g de gelatina en hojas

Mientras, elabora la *mousse* de queso según las indicaciones de la página 160.

Cómo montar el *trifle*:
Dispón en la base de cada vaso o copa donde vayas a servirlo un poco de *crumble*.

Con la ayuda de una manga pastelera, llénalos de *mousse* de queso.

Deposítalos en la nevera durante 1 hora.

Transcurrido este tiempo, cúbrelos con la jalea de fresa e introdúcelos de nuevo en la nevera durante 2 horas antes de servir.

En esta receta, la *mousse* de queso forma parte del típico postre italiano tiramisú. Especial para los amantes del café y de los sabores fuertes.

INGREDIENTES

10 raciones

2 recetas de *mousse* de queso elaborada con *mascarpone* (p. 160)
18-20 melindros (p. 12)
cacao en polvo o chocolate rallado para decorar

Para el almíbar:
3 cucharadas de café instantáneo
150 ml de vino moscatel
100 g de azúcar
150 ml de agua

Tiramisú

PREPARACIÓN

Para hacer este postre, debes tener preparados los melindros.

Elaboración del almíbar para bañar los melindros: pon en una cacerola el azúcar, el agua y el café. Llévalo al fuego hasta que rompa el hervor y el azúcar se haya disuelto completamente. Seguidamente, retíralo y agrégale el vino moscatel. Resérvalo.

Elabora la *mousse* de queso con *mascarpone* según la receta de la página 160.

Cómo montar el tiramisú:
En una fuente de 25 x 25 cm dispón en la base la mitad de los melindros.

Báñalos con el almíbar abundantemente y cúbrelos con la mitad de la *mousse* de *mascarpone*.

Cúbrelo por encima con el resto de melindros, previamente remojados en el almíbar, y con otra capa de la *mousse*.

Deposítalo en la nevera y déjalo enfriar al menos 4 horas.

Sírvelo espolvoreado con cacao o chocolate rallado.

24

MOUSSE <u>de</u> CHOCOLATE

Esta receta es un poco más laboriosa, pero el resultado vale la pena: una *mousse* de chocolate intenso con una textura aireada y con cuerpo.

A partir de esta receta base puedes elaborar la siguiente receta:

Verrine <u>de</u> *chocolate y fruta de la pasión*

Ingredientes

6 raciones

3 huevos
80 g de azúcar
150 g de chocolate 70 %
200 g de nata para montar

MOUSSE
de CHOCOLATE

PREPARACIÓN

Separa las claras de las yemas. Monta las claras con la mitad del azúcar y resérvalas.

Monta la nata y resérvala en la nevera hasta que vayas a utilizarla.

Funde en el microondas el chocolate; debes calentarlo a intervalos cortos y removiéndolo entre uno y otro para evitar que se queme. También lo puedes fundir al baño María: coloca el bol con chocolate sobre agua hirviendo, pero con el fuego apagado; debes evitar que la base del bol toque el agua caliente. Resérvalo.

Monta las yemas con el resto del azúcar hasta que haya blanqueado y el azúcar se haya disuelto. Incorpora el chocolate fundido y mézclalo todo bien.

Seguidamente, agrega las claras en dos tandas y, por último, la nata montada, también en dos tandas; debes tener cuidado en el momento de mezclarlo todo para no bajar el batido.

Para terminar, divídela en seis boles o copas y deposítalos en la nevera para que se enfríe la *mousse* durante 2 horas.

En esta receta la combinación del chocolate amargo de la *mousse* y del toque ácido de la fruta de la pasión es perfecta. Si no tienes fruta de la pasión, puedes hacerla con frambuesas.

INGREDIENTES

6 raciones

1 receta de *mousse*
de chocolate (p. 168)
½ receta de *crumble*
de chocolate (p. 88)

**Para la jalea de fruta
de la pasión:**
5 frutas de la pasión o **75 g** de
pulpa de fruta de la pasión
½ melocotón o **75 g**
de puré de melocotón
25 g de azúcar
2 g de gelatina en hojas

Verrine
de *chocolate y fruta
de la pasión*

PREPARACIÓN

Elabora el *crumble* según las indicaciones de la página 88. El horneado debe ser a 180 ºC durante 10 minutos. Déjalo enfriar.

Pon a hidratar la gelatina en agua bien fría. Resérvala.

Tritura el melocotón con el túrmix y agrégale la pulpa de fruta de la pasión sin pepitas. Incorpora el azúcar, llévalo al fuego hasta que haya disuelto y, después, retíralo.

Escurre la gelatina y agrégala a la pulpa cuando aún esté caliente para que se disuelva con el calor. Déjala enfriar a temperatura ambiente.

Mientras, elabora la *mousse* de chocolate según las indicaciones de la página 168.

Cómo montar las verrines:
Pon en la base de cada vaso o copa un poco de *crumble*.

Con la ayuda de una manga pastelera, llénalos de *mousse* de chocolate.

Deposítalos en la nevera durante 1 hora.

Transcurrido este tiempo, cúbrelos con la jalea de fruta de la pasión e introdúcelos de nuevo en la nevera durante 2 horas antes de servir.

25

CREMA de FRUTAS

También conocida como *curd* o cuajada. La más común es la de limón, pero la puedes elaborar con cualquier cítrico. Es especial para rellenar tartas o pasteles y en algunos países la consumen mucho para untar en el desayuno.

A partir de esta receta base puedes elaborar la siguiente receta:

Lemon pie

Ingredientes

Para 600 g de crema

110 g de mantequilla
135 g de azúcar
80 ml de agua
80 ml de zumo
de fruta cítrica
45 g de almidón
2 huevos
2 yemas
piel de fruta cítrica

CREMA
de FRUTAS

PREPARACIÓN

Bate bien las yemas y los huevos en un bol para romperlos. No debes montarlos.

Dispón el azúcar con el almidón en una cacerola y remuévelo todo bien para que el azúcar rompa los posibles grumos de almidón.

A continuación, agrégale la piel y el zumo de una fruta cítrica, el agua, los huevos y las yemas y cuécelo a fuego bajo sin dejar de removerlo hasta que espese y comience a hervir.

Cuando rompa el hervor, retíralo del fuego rápidamente sin dejar de remover e incorpora la mantequilla fría cortada en trozos pequeños. Continúa removiéndolo hasta que toda la mantequilla se haya fundido y tengas una crema suave y uniforme.

Transfiérela a un bol y cúbrela con papel de film pegado a toda su superficie para que no forme una capa dura. Déjala enfriar en la nevera durante 2 horas.

Si lo prefieres...
La versión más tradicional es la de limón, pero también puedes hacerla de naranja o de lima.

También puedes utilizar el zumo de otras frutas ácidas como fruta de la pasión o frambuesa.

Una especialidad de mi madre que me transporta a mi niñez. La tarta de limón y merengue es una de mis favoritas. La combinación de la base crujiente, la crema ácida y el merengue muy suave la hacen única.

INGREDIENTES

10 raciones

1 receta de pasta azucarada
(p. 64)
1 receta de crema de frutas elaborada con limón (p. 174)
½ receta de merengue italiano (p. 114)

Lemon pie

PREPARACIÓN

Elabora la crema de limón según las indicaciones de la página 174 y déjala enfriar 2 horas en la nevera.

Mientras, amasa la pasta azucarada según las indicaciones de la página 64 y déjala reposar en la nevera durante 30 minutos.

Precalienta el horno a 180 ºC.

Transcurrido el tiempo de reposo de la pasta azucarada, estírala hasta que tenga unos 3 mm de espesor y forra con ella un molde de tarta de unos 20-22 cm de diámetro.

Cubre la masa con un trozo de papel sulfurizado y pon encima un ingrediente de peso (garbanzos o alubias crudas). De esta manera, ayudarás a que la masa no se deforme ni se dore demasiado al hornearla.

Introdúcela en el horno 10 minutos; después, retira el papel con el peso, hornéala 15 minutos más o hasta que esté dorada y retírala.

Cuando la base de pasta azucarada esté fría, rellénala con la crema de limón.

Elabora el merengue italiano según las indicaciones de la página 114. Cuando esté frío, cubre la tarta con el merengue y gratínala con un soplete. Si no tienes soplete, caliente el horno a 200 ºC e introduce la tarta unos minutos hasta que el merengue se dore suavemente. También se puede servir sin gratinar.

26

TRUFA

También conocida como *ganache*, es una preparación básica muy versátil y fácil de elaborar. La puedes utilizar para rellenar y cubrir pasteles, como una capa más en vasitos y *mousse*, para rellenar *macarons* o puedes darle forma y elaborar trufas y bombones.

A partir de esta receta base puedes elaborar la siguiente receta:

Rollo de chocolate y fresas

RECETA BASE

Ingredientes

25 trufas

De chocolate 70 %:
200 g de chocolate 70 %
200 g de nata para montar
1 cucharada de licor

De chocolate con leche:
280 g de chocolate
con leche
140 g de nata para montar
1 cucharada de licor

De chocolate blanco:
300 g de chocolate blanco
100 g de nata para montar
1 cucharada de licor

cacao puro para rebozar

TRUFA

PREPARACIÓN

Funde en el microondas el chocolate. Debes calentarlo a intervalos cortos y removiéndolo entre uno y otro para evitar que el chocolate se queme. También lo puedes fundir al baño María: coloca el bol con chocolate sobre agua hirviendo pero con el fuego apagado y evitando que la base del bol toque el agua caliente.

Calienta la nata hasta punto de hervor y viértela sobre el chocolate fundido. Remuévelo todo hasta que quede bien unido y agrégale el licor, que cumplirá la función de conservante.

Si la quieres para rellenar o bañar un pastel o una tarta, espera a que se enfríe y tome la consistencia necesaria y utilízala.

Si quieres hacer trufas, déjala enfriar bien hasta que endurezca. Haz 25 bolas, disponlas en una bandeja con papel sulfurizado y déjalas secar, en un sitio fresco, durante 2 horas, hasta que formen una capa seca y no queden pegadas en las manos. En verano, si es necesario, déjalas secar en la nevera. Después, rebózalas con cacao puro.

Si lo prefieres...
Para hacer variedades puedes infusionar la nata con diferentes sabores: café, té, menta, canela, jengibre, cardamomo, ralladura de limón, lima o naranja. Y puedes potenciar estos sabores con el licor; por ejemplo, para ralladura de naranja utiliza Cointreau.

Si quieres hacerla de fruta como frambuesa o fruta de la pasión, solo tienes que sustituir la mitad de la nata por pulpa de fruta.

Una vez dada la forma de las trufas, las puedes rebozar con cacao, azúcar glas, frutas liofilizadas molidas, galletas molidas, frutos secos picados o coco rallado.

En este bizcocho enrollado, la trufa aparece en su versión montada, muy suave y ligera.

INGREDIENTES

8 raciones

1 receta de trufa (p. 180)
½ receta de bizcocho genovesa de chocolate (p. 10)
150 g de fresas

Para la trufa montada:
150 g de nata para montar
150 g de chocolate
200 g nata para montar

Rollo de chocolate y fresas

PREPARACIÓN

Elabora una trufa, según las indicaciones de la página 180, con los 150 gramos de chocolate y los 150 gramos de la nata para montar. Déjala enfriar.

Precalienta el horno a 200 ºC.

Elabora el bizcocho genovesa de chocolate como indica la variante en la página 10.

Seguidamente, vierte la mezcla en una bandeja de 25 x 35 cm con papel sulfurizado y con la ayuda de una espátula extiéndela para que cubra toda la superficie de la base.

Hornéalo de 7 a 8 minutos. Para comprobar si está hecho, presiona con un dedo su superficie; si el bizcocho vuelve a su lugar significa que ya está al punto de cocción; si, por el contrario, queda el dedo marcado significa que aún le falta cocción. Cuando aún esté caliente y sin quitarle el papel, enróllalo y déjalo enfriar.

Elaboración de la trufa montada para el relleno: pon 200 gramos de la trufa fría en un bol reservando los 100 gramos restantes para decorar. Añádele 200 gramos de nata para montar y móntala. Ten cuidado de no montar demasiado porque se corta fácilmente.

Cómo montar el rollo:
Desenrolla la plancha de bizcocho, cúbrela con una capa de trufa montada y enróllalo nuevamente ya sin el papel sulfurizado.

Déjalo enfriar en la nevera como mínimo durante 1 hora.

Para terminar, báñalo con la trufa reservada y decóralo con fresas frescas.

ÍNDICE ANALÍTICO

BASES Y DERIVADAS

BIZCOCHO A LA GENOVESA
BIZCOCHO DE CHOCOLATE
BIZCOCHO DE VAINILLA
MUFFINS
BIZCOCHO DE CHOCOLATE SIN HARINA
BIZCOCHO DE ALMENDRA
PASTA *CHOUX*
HOJALDRE
PASTA AZUCARADA
MASA BÁSICA PARA TARTA
BRIOCHE
CRUMBLE
COOKIES
PASTA CIGARRILLO
MERENGUE SECO
MERENGUE ITALIANO
MACARONS
CREMA PASTELERA
FLAN
CREMA INGLESA
CREMA DE MANTEQUILLA
PASTEL DE QUESO
MOUSSE **DE QUESO**
MOUSSE **DE CHOCOLATE**
CREMA DE FRUTAS
TRUFA

Melindros con chocolate
Tarta de chocolate y naranja
Pudin de chocolate y caramelo
Tarta de limón y semillas de amapola
Plum cake de fruta escarchada y pasas al ron
Tarta invertida de peras y anís
Verrines Selva Negra
Tarta de almendras, pistachos y frambuesas
Éclairs de chocolate
Crullers franceses
Tarta Tatin de manzana y canela
Cuadrados de albaricoque y coco
Corazones de jengibre
Tarta rústica de arándanos
Pastelitos de avellanas y chocolate
Cinnamon Rolls
Donut®
Crumble de melocotón y frambuesas
Verrine de lima y cacao
Sándwich de helado
Canutillo de chocolate blanco y frambuesa
Pavlova de *mascarpone* y frutos del bosque
Cupcake Hit Hat
Mousse de limón
Tarta de avellanas y chocolate
Tarta de crema y plátanos
Tarta especiada de crema quemada
Isla flotante
Carlota de coco y piña
Cupcakes de café
Minitarta de ricota, higos y miel
Trifle de pastel de queso y fresa
Tiramisú
Verrines de chocolate y fruta de la pasión
Lemon pie
Rollo de chocolate y fresas

TABLA
de CONVERSIÓN

10 ml	una cucharadita
15 ml	una cucharada
100 ml	un vaso de vino
200 ml	un vaso de agua
200 ml	una taza

Nota: en las recetas donde es necesario el uso del horno, el calor que se utiliza es inferior y superior y con el ventilador conectado. Si tu horno no dispone de ventilador, ten en cuenta que el tiempo de cocción será un poquito más largo.

Primera edición: octubre de 2016

© **del texto y las fotografías:** Elisa Calcagno
florentinebakeshop.com
© **de la edición original:** Zahorí de Ideas, S.L.
www.zahorideideas.com

© **de esta edición:**
9 Grupo Editorial
Lectio Ediciones
Muntaner, 200, ático 8ª – 08036 Barcelona
Tel. (+34) 977 60 25 91 / (+34) 93 363 08 23
lectio@lectio.es
www.lectio.es

Coordinación y realización editorial: Zahorí de Ideas, S.L.
Autora representada por Silvia Bastos, S.L. Agencia literaria

Diseño de cubierta e interior: MOT
Cocina y estilismo: Elisa Calcagno
Maquetación: Pau Santanach

ISBN: 978-84-16012-77-0
DL T 1123-2016

Impreso en Eslovenia